KB207395

불자법요집

차 례

예경편

예 불 문 · 13

행선축원문 · · · · · · · · · · · · · · · · · · · 17

이산 연선사 발원문 · · · · · · · · · · · · · 20

반야심경 · 26

불공편

천 수 경 · 31

삼보통청 · 54

지 장 청 · 67

관 음 청 · 74

신 중 청 · 82

정   근 · 89

중단권공 · 92

화엄경 약찬게 · · · · · · · · · · · · · · · · · 99

반야심경 · 106

우리말 반야심경 · · · · · · · · · · · · · · 108

명 부 전 · 112

신 중 단 · 115

칠 성 단(북두주) · · · · · · · · · · · · · · 117

독 성 단 · 120

산 신 단(산왕경) · · · · · · · · · · · · · · 122

조 왕 단(조왕경) · · · · · · · · · · · · · · 125

미 륵 단 · 128

백팔대참회문 · · · · · · · · · · · · · · · · · 130

시식편

관음시식 · 155

장엄염불 · 171

의상조사 법성게 · · · · · · · · · · · · · · · 194

광명진언 · 197

영가전에 · 198

독경편

금강반야바라밀경 · · · · · · · · · · · · · 209

우리말 금강반야바라밀경 · · · · · · · · 256

불설아미타경 · · · · · · · · · · · · · · · · · 317

우리말 불설아미타경 · · · · · · · · · · · 333

원각경보안보살장 · · · · · · · · · · · · · 349

우리말 원각경보안보살장 · · · · · · · · 362

관세음보살보문품 · · · · · · · · · · · · · 379

우리말 관세음보살보문품 · · · · · · · · 397

천지팔양신주경 · · · · · · · · · · · · · · · 419

우리말 천지팔양신주경 · · · · · · · · · 448

사 대 주 · 484

고 왕 경 · · · · · · · · · · · · · · · · · · 488

몽 수 경 · · · · · · · · · · · · · · · · · · 493

해 탈 주 · · · · · · · · · · · · · · · · · · 494

무 상 계 · · · · · · · · · · · · · · · · · · 495

우리말 무상계 · · · · · · · · · · · · · 499

츰부다라니 · · · · · · · · · · · · · · · · 504

발원문

일상기도 발원문 · · · · · · · · · · · · 509

참회기도 발원문 · · · · · · · · · · · · 514

공양 발원문 · · · · · · · · · · · · · · · 518

가정법회 발원문 · · · · · · · · · · · · 519

가내길상 발원문 · · · · · · · · · · · · 523

학업성취 발원문 · · · · · · · · · · · · 526

사업번창 발원문 · · · · · · · · · · · · 530

문병 쾌유 발원문 · · · · · · · · · · · 533

생일 발원문 · · · · · · · · · · · · · · · 538

취임 · 승진 발원문 · · · · · · · · · 541

개업 · 이사 · 안택 발원문 · · · · · · · · 545

연지대사 왕생극락 발원문 · · · · · · · 547

수행편

불교예절 · · · · · · · · · · · · · · · · 555

신행의 기본 · · · · · · · · · · · · · · 564

수행의 길잡이 · · · · · · · · · · · · · 568

입 정 · · · · · · · · · · · · · · · · · · 577

찬불가

삼 귀 의 · · · · · · · · · · · · · · · · · · 581

찬양합시다 · · · · · · · · · · · · · · · · 582

청 법 가 · · · · · · · · · · · · · · · · · · 583

집 회 가 · · · · · · · · · · · · · · · · · · 584

불교도의 노래 · · · · · · · · · · · · · 585

부처님 오신날 · · · · · · · · · · · · · 586

붓다의 메아리 · · · · · · · · · · · · · 587

부처님께 바칩니다 · · · · · · · · · · · 588

빛으로 돌아오소서 · · · · · · · · · · 589

보 현 행 원 · · · · · · · · · · · · · · · 590

관세음의 노래 · · · · · · · · · · · · · 591

홀로 피는 연꽃 · · · · · · · · · · · · · 592

새 법우 환영가 · · · · · · · · · · · · · 594

자비방생의 노래 · · · · · · · · · · · · 595

연   등 · · · · · · · · · · · · · · · · · 596

우란분절 · · · · · · · · · · · · · · · · · 597

성도제의 노래 · · · · · · · · · · · · · 598

사홍서원 · · · · · · · · · · · · · · · · · 599

산 회 가 · · · · · · · · · · · · · · · · · 600

예경편

- 예불문
- 행선축원문
- 이산 연선사 발원문
- 반야심경

삼 귀 의
三 歸 依

귀의불 양족존
歸 依 佛 兩 足 尊

귀의법 이욕존
歸 依 法 離 欲 尊

귀의승 중중존
歸 依 僧 衆 中 尊

거룩한 부처님께 귀의합니다.

거룩한 가르침에 귀의합니다.

거룩한 스님들께 귀의합니다.

예 불 문
禮 佛 文

다 게
茶 偈

아금청정수 변위감로다
我 今 淸 淨 水　　變 爲 甘 露 茶

봉헌삼보전 원수애납수
奉 獻 三 寶 前　　願 垂 哀 納 受

원수애납수 원수자비애납수
願 垂 哀 納 受　　願 垂 慈 悲 哀 納 受

오분향례
五 分 香 禮

계향 정향 혜향 해탈향 해탈지
戒 香　定 香　慧 香　解 脫 香　解 脫 知

견향 광명운대 주변법계
見 香　光 明 雲 臺　周 遍 法 界

공양시방 무량불법승
供 養 十 方　無 量 佛 法 僧

헌향진언
獻香眞言

『옴 바아라 도비야 훔』 (세번)

지심귀명례 삼계도사 사생자부
至心歸命禮 三界導師 四生慈父

시아본사 석가모니불
是我本師 釋迦牟尼佛

지심귀명례 시방삼세 제망찰해
至心歸命禮 十方三世 帝網刹海

상주일체 불타야중
常住一切 佛陀耶衆

지심귀명례 시방삼세 제망찰해
至心歸命禮 十方三世 帝網刹海

상주일체 달마야중
常住一切 達磨耶衆

지심귀명례 대지 문수사리보살
至心歸命禮 大智 文殊舍利菩薩

대행보현보살
大行普賢菩薩

대비관세음보살
大悲觀世音菩薩

대원본존 지장보살마하살
大願本尊 地藏菩薩摩訶薩

지심귀명례 영산당시 수불부촉
至心歸命禮 靈山當時 受佛咐囑

십대제자 십육성
十大弟子 十六聖

오백성 독수성 내지
五百聖 獨修聖 乃至

천이백제대아라한
千二百諸大阿羅漢

무량자비성중
無量慈悲聖衆

지심귀명례 서건동진 급아해동
至心歸命禮 西乾東震 及我海東

역대전등 제대조사 천하종
歷代傳燈 諸大祖師 天下宗

사 일체미진수 제대선지식
師 一切微塵數 諸大善知識

지심귀명례 시방삼세 제망찰해
至心歸命禮 十方三世 帝網刹海

상주일체 승가야중
常住一切 僧伽耶衆

유원 무진삼보 대자대비 수아정례
唯願 無盡三寶 大慈大悲 受我頂禮

명훈가피력 원공법계제중생
冥薰加被力 願共法界諸衆生

자타일시성불도
自他一時成佛道

행선축원문 (아침예불 때만 한다)
行 禪 祝 願 文

원아세세생생처 원하옵건대 이 내 몸이
願 我 世 世 生 生 處 세세생생 날 적마다

상어반야불퇴전 항상 큰 지혜에
常 於 般 若 不 退 轉 물러나지 아니해서

여피본사용맹지 본사 석가모니처럼
如 彼 本 師 勇 猛 智 용맹 지혜를 얻으며

여피사나대각과 노사나불처럼 큰
如 彼 舍 那 大 覺 果 깨달음 이루며

여피문수대지혜 문수보살처럼
如 彼 文 殊 大 智 慧 큰 지혜를 가지며

여피보현광대행 보현보살처럼
如 彼 普 賢 廣 大 行 광대행을 가지며

여피지장무변신 지장보살처럼
如 彼 地 藏 無 邊 身 끝없는 몸을 가지며

여피관음삼이응 관세음보살처럼
如 彼 觀 音 三 二 應 삼십이응신을 가지며

시방세계무불현 十方世界無不現
시방세계 두루
아니 나타난 곳이 없이

보령중생입무위 普令衆生入無爲
널리 중생들도
무위도에 들게 하며

문아명자면삼도 聞我名者免三途
나의 이름 듣는 이는
삼도 고를 벗어나고

견아형자득해탈 見我形者得解脫
나의 형상을 보는 이는
해탈을 얻게 되어

여시교화항사겁 如是敎化恒沙劫
이와 같이 오랜 겁을
교화시켜

필경무불급중생 畢竟無佛及衆生
필경 부처 중생 없는데
까지 이르러지이다

원제천룡팔부중 願諸天龍八部衆
모든 천룡과
팔부대중은

위아옹호불이신 爲我擁護不離身
나를 옹호하여
내 몸을 떠나지 말아서

어제난처무제난 於諸難處無諸難
모든 어려운 곳에
어려움 없게 하여

여시대원능성취 如是大願能成就
이 같은 큰 원 능히
성취하도록 하소서

광도법계제중생 넓은 법계의
廣 度 法 界 諸 衆 生 모든 중생들은

이보제불막대은 모든 부처님의
以 報 諸 佛 幕 大 恩 큰 은혜로

세세상행보살도 세세생생에
世 世 常 行 菩 薩 道 보살도를 닦아

구경원성살바야 보살의 지혜로
究 竟 圓 成 薩 婆 若 구경 이루리다

마하반야바라밀 큰 지혜를
摩 訶 般 若 波 羅 蜜 행하리다

나무 석가모니불

나무 석가모니불

나무 시아본사 석가모니불

이산 연선사 발원문

시방삼세   부처님과   팔만사천
큰법보와   보살성문   스님네께
지성귀의   하옵나니   자비하신
원력으로   굽어살펴   주옵소서
저희들이

참된성품   등지옵고   무명속에
뛰어들어   나고죽는   물결따라
빛과소리   물이들고   심술궂고
욕심내어   온갖번뇌   쌓았으며
보고듣고   맛봄으로   한량없는
죄를지어   잘못된길   갈팡질팡

생사고해　헤매면서　나와남을
집착하고　그른길만　찾아다녀
여러생에　지은업장　크고작은
많은허물　삼보전에　원력빌어
일심참회　하옵나니
바라옵건대
부처님이　이끄시고　보살님네
살피옵서　고통바다　헤어나서
열반언덕　가사이다　이세상에
명과복은　길이길이　창성하고
오는세상　불법지혜　무럭무럭
자라나서　날적마다　좋은국토
밝은스승　만나오며　바른신심
굳게세워　아이로서　출가하여

귀와눈이　총명하고　말과뜻이
진실하며　세상일에　물안들고
청정범행　닦고닦아　서리같이
엄한계율　털끝인들　범하리까
점잖으신　거동으로　모든생명
사랑하여　이내목숨　버리어도
지성으로　보호하리　삼재팔난
만나잖고　불법인연　구족하며
반야지혜　드러나고　보살마음
견고하여　제불정법　잘배워서
대승진리　깨달은뒤　육바라밀
행을닦아　아승지겁　뛰어넘고
곳곳마다　설법으로　천겹만겹
의심끊고　마군중을　항복받고

삼보님을 뵙사올제 시방제불
섬기는일 잠깐인들 쉬오리까
온갖법문 다배워서 모두통달
하옵거든 복과지혜 함께늘어
무량중생 제도하며 여섯가지
신통얻고 무생법인 이룬뒤에
관음보살 대자비로 시방법계
다니면서 보현보살 행원으로
많은중생 건지올제 여러갈래
몸을나퉈 미묘법문 연설하고
지옥아귀 나쁜곳엔 광명놓고
신통보여 내모양을 보는이나
내이름을 듣는이는 보리마음
모두내어 윤회고를 벗어나되

화탕지옥　끓는물은　감로수로
변해지고　검수도산　날선칼날
연꽃으로　화하여서　고통받던
저중생들　극락세계　왕생하며
나는새와　기는짐승　원수맺고
빚진이들　갖은고통　벗어나서
좋은복락　누려지다　모진질병
돌적에는　약풀되어　치료하고
흉년드는　세상에는　쌀이되어
구제하되　여러중생　이익한일
한가진들　빼오리까　천겁만겁
내려오던　원수거나　친한이나
이세상의　권속들도　누구누구
할것없이　얽히었던　애정끊고

삼계고해　벗어나서　시방세계
중생들이　모두성불　하사이다
허공끝이　있사온들　이내소원
다하리까　유정들도　무정들도
일체종지　이루어지이다

나무　석가모니불
나무　석가모니불
나무　시아본사　석가모니불

※〈혜연선사 발원문〉은 근세기에 불교의례를 집대성한『석문의
범』을 편찬한 안진호 스님이 목판본『치문』(緇門)을 활자본으
로 펴내면서〈연(然)선사 발원문〉을〈혜연선사 발원문〉이라 잘
못 옮긴 뒤로 굳어진 오기입니다. 따라서 이 책에서는〈연선사
발원문〉으로 바로잡습니다.

※발원문이 전해진 당나라 때 혜연선사란 분은 없고, 문장에 능했
던 교연선사가 계셔 발원문의 저자로 추정되기는 하나 관련된
기록은 없습니다

반야심경
般 若 心 經

마하반야바라밀다심경
摩 訶 般 若 波 羅 蜜 多 心 經

관자재보살 행심반야바라밀다시
觀 自 在 菩 薩 行 深 般 若 波 羅 蜜 多 時

조견오온개공 도일체고액 사리
照 見 五 蘊 皆 空 度 一 切 苦 厄 舍 利

자 색불이공 공불이색 색즉시공
子 色 不 異 空 空 不 異 色 色 卽 是 空

공즉시색 수상행식 역부여시 사
空 卽 是 色 受 想 行 識 亦 復 如 是 舍

리자 시제법공상 불생불멸 불구
利 子 是 諸 法 空 相 不 生 不 滅 不 垢

부정 부증불감 시고 공중무색
不 淨 不 增 不 減 是 故 空 中 無 色

무수상행식 무안이비설신의 무
無 受 想 行 識 無 眼 耳 鼻 舌 身 意 無

색성향미촉법 무안계 내지 무의
色 聲 香 味 觸 法 無 眼 界 乃 至 無 意

식계 무무명 역무무명진 내지 무
識 界 無 無 明 亦 無 無 明 盡 乃 至 無

노사 역무노사진 무고집멸도 무
老 死 亦 無 老 死 盡 無 苦 集 滅 道 無

지역무득 이무소득고 보리살타
智 亦 無 得 以 無 所 得 故 菩 提 薩 埵

의반야바라밀다고 심무가애 무
依 般 若 波 羅 蜜 多 故 心 無 罣 碍 無

가애고 무유공포 원리전도몽상
罣 碍 故 無 有 恐 怖 遠 離 顚 倒 夢 想

구경열반 삼세제불 의반야바라
究 竟 涅 槃 三 世 諸 佛 依 般 若 波 羅

밀다고 득아뇩다라삼먁삼보리
蜜 多 故 得 阿 耨 多 羅 三 藐 三 菩 提

고지반야바라밀다 시대신주 시대
故 知 般 若 波 羅 蜜 多 是 大 神 呪 是 大

명주 시무상주 시무등등주 능제
明 呪 是 無 上 呪 是 無 等 等 呪 能 除

일체고 진실불허 고설반야바라
一切苦 眞實不虛 故說般若波羅

밀다주 즉설주왈
蜜多呪 卽說呪曰

『아제아제 바라아제 바라승아제
揭諦揭諦 婆羅揭諦 婆羅僧揭諦

모지 사바하』(세번)
菩提 娑婆訶

불공편

- 천수경
- 지장청
- 신중청
- 중단권공
- 반야심경
- 우리말 반야심경
- 명부전
- 칠성단(북두주)
- 산신단(산왕경)
- 미륵단

- 삼보통청
- 관음청
- 정 근
- 화엄경약찬게

- 신중단
- 독성단
- 조왕단(조왕경)
- 백팔대참회문

전법오서

✽ 전법으로 바른 믿음을 삼겠습니다.

✽ 전법으로 정정진을 삼겠습니다.

✽ 전법으로 무상공덕을 삼겠습니다.

✽ 전법으로 최상의 보은을 삼겠습니다.

✽ 전법으로 정토를 성취하겠습니다.

보례진언
普禮眞言

아금일신중　　즉현무진신
我 今 一 身 中　　卽 現 無 盡 身

변재삼보전　　일일무수례
遍 在 三 寶 前　　一 一 無 數 禮

『옴 바아라 믹』(세번)

천 수 경
千　　手　　經

정구업진언 (입으로 짓는 죄업을 깨끗이 하는 진언)
淨 口 業 眞 言

『수리수리 마하수리 수수리

사바하』(세번)

오방내외안위제신진언 (오방의 모든 신을 위로하는 진언)
五方內外安慰諸神眞言

『나무 사만다 못다남 옴 도로 도로 지미 사바하』(세번)

개경게 (경전을 찬탄하는 노래)
開經偈

무상심심미묘법 부처님의 거룩한 법
無 上 甚 深 微 妙 法 한 없이 높고 깊어

백천만겁난조우 백천만겁 지내도록
百 千 萬 劫 難 遭 遇 만나뵙기 어려워라

아금문견득수지 부처님의 가피로써
我 今 聞 見 得 受 持 보고듣고 지니오니

원해여래진실의 부처님의 진실한 뜻
願 解 如 來 眞 實 意 깨치기를 원합니다

개법장진언 (법장을 여는 진언)
開法藏眞言

『옴 아라남 아라다』(세번)

천수천안 관자재보살 광대원만
千手千眼 觀自在菩薩 廣大圓滿

무애 대비심 대다라니 계청
無碍 大悲心 大陀羅尼 啓請

(일천의 손과 눈으로 중생을 구제하시는 관자재보살님의
광대하고 원만한 걸림없는 대비심의 다라니를 청하옵나니)

계수관음대비주
稽首觀音大悲呪

관세음보살 대비주에
머리숙여 절합니다

원력홍심상호신
願力弘深相好身

그 원력 위대하고
상호 또한 거룩하사

천비장엄보호지
千臂莊嚴普護持

고뇌속의 모든중생
일천팔로 거두시며

천안광명변관조
千眼光明遍觀照

일천눈의 광명으로
온세상을 살피시네

진실어중선밀어
眞實語中宣密語

참된말씀 베푸시어
비밀한 뜻 보이시고

무위심내기비심
無爲心內起悲心

하염없는 그맘속에
자비심이 넘칩니다

속령만족제희구
速令滿足諸希求

저희들의 온갖소원
어서빨리 이루옵고

천수경 **33**

영사멸제제죄업
永 使 滅 除 諸 罪 業
모든죄업 남김없이
깨끗하게 씻어지이다

천룡중성동자호
天 龍 衆 聖 同 慈 護
천룡팔부 모든성중
자비롭게 보살피사

백천삼매돈훈수
百 千 三 昧 頓 熏 修
백천가지 온갖삼매
한꺼번에 깨쳐지이다

수지신시광명당
受 持 身 是 光 明 幢
받아지닌 저희몸은
큰광명의 깃발이요

수지심시신통장
受 持 心 是 神 通 藏
받아지닌 저희마음
신비로운 보장이니

세척진로원제해
洗 滌 塵 勞 願 濟 海
세상티끌 씻어내고
고통바다 어서건너

초증보리방편문
超 證 菩 提 方 便 門
보리법의 방편문을
속히얻게 하여지이다

아금칭송서귀의
我 今 稱 誦 誓 歸 依
대비주를 읽고외워
귀의의뜻 세우나니

소원종심실원만
所 願 從 心 悉 圓 滿
뜻하는일 마음대로
원만하게 하여지이다

나무대비관세음
南 無 大 悲 觀 世 音
자비하신 관세음께
귀의하여 비옵나니

원아속지일체법
願我速知一切法
이세상의 온갖진리
어서빨리 알아지이다

나무대비관세음
南無大悲觀世音
자비하신 관세음께
귀의하여 비옵나니

원아조득지혜안
願我早得智慧眼
부처님의 지혜눈을
어서빨리 얻어지이다

나무대비관세음
南無大悲觀世音
자비하신 관세음께
귀의하여 비옵나니

원아속도일체중
願我速度一切衆
한량없는 모든중생
어서빨리 건져지이다

나무대비관세음
南無大悲觀世音
자비하신 관세음께
귀의하여 비옵나니

원아조득선방편
願我早得善方便
팔만사천 좋은방편
어서빨리 얻어지이다

나무대비관세음
南無大悲觀世音
자비하신 관세음께
귀의하여 비옵나니

원아속승반야선
願我速乘般若船
부처님의 진리의배
어서빨리 올라지이다

나무대비관세음
南無大悲觀世音
자비하신 관세음께
귀의하여 비옵나니

원아조득월고해 생노병사 고해속을
願我早得越苦海 어서빨리 건너지이다

나무대비관세음 자비하신 관세음께
南無大悲觀世音 귀의하여 비옵나니

원아속득계정도 무명벗는 계정혜를
願我速得戒定道 어서빨리 얻어지이다

나무대비관세음 자비하신 관세음께
南無大悲觀世音 귀의하여 비옵나니

원아조등원적산 생사여원 열반산에
願我早登圓寂山 어서빨리 올라지이다

나무대비관세음 자비하신 관세음께
南無大悲觀世音 귀의하여 비옵나니

원아속회무위사 하염없는 법의집에
願我速會無爲舍 어서빨리 모여지이다

나무대비관세음 자비하신 관세음께
南無大悲觀世音 귀의하여 비옵나니

원아조동법성신 절대진리 법성의몸
願我早同法性身 어서빨리 이뤄지이다

아약향도산 칼산지옥 향해가면
我若向刀山

도산자최절 칼산절로 무너지고
刀山自摧折

아약향화탕 화탕지옥 향해가면
我若向火湯

화탕자소멸(고갈) 화탕절로 없어지고
火湯自消滅 枯渴

아약향지옥 모든지옥 향해가면
我若向地獄

지옥자고갈(소멸) 지옥절로 말라지고
地獄自枯渴 消滅

아약향아귀 아귀세계 향해가면
我若向餓鬼

아귀자포만 아귀절로 배부르고
餓鬼自飽滿

아약향수라 수라세계 향해가면
我若向修羅

악심자조복 악한마음 스러지고
惡心自調伏

아약향축생 짐승세계 향해가면
我若向畜生

자득대지혜 슬기절로 생겨지이다
自 得 大 智 慧

나무관세음보살마하살
南 無 觀 世 音 菩 薩 摩 訶 薩

나무대세지보살마하살
南 無 大 勢 至 菩 薩 摩 訶 薩

나무천수보살마하살
南 無 千 手 菩 薩 摩 訶 薩

나무여의륜보살마하살
南 無 如 意 輪 菩 薩 摩 訶 薩

나무대륜보살마하살
南 無 大 輪 菩 薩 摩 訶 薩

나무관자재보살마하살
南 無 觀 自 在 菩 薩 摩 訶 薩

나무정취보살마하살
南 無 正 趣 菩 薩 摩 訶 薩

나무만월보살마하살
南 無 滿 月 菩 薩 摩 訶 薩

나무수월보살마하살
南 無 水 月 菩 薩 摩 訶 薩

나무군다리보살마하살
南 無 軍 茶 利 菩 薩 摩 訶 薩

나무십일면보살마하살
南 無 十 一 面 菩 薩 摩 訶 薩

나무제대보살마하살
南 無 諸 大 菩 薩 摩 訶 薩

나무본사아미타불 (세번)
南 無 本 師 阿 彌 陀 佛

신묘장구대다라니 (신비하고 미묘한 다라니)
神 妙 章 句 大 陀 羅 尼

나모라 다나다라 야야 나막알약
바로기제 새바라야 모지 사다바
야 마하 사다바야 마하가로 니
가야 옴 살바 바예수 다라나 가
라야 다사명 나막 가리다바 이
맘 알야 바로기제 새바라 다바
니라간타 나막 하리나야 마발다

이사미 살발타 사다남 수반 아
예염 살바 보다남 바바마라 미
수다감 다냐타 옴 아로계 아로
가 마지로가 지가란제 혜혜하례
마하모지 사다바 사마라 사마라
하리나야 구로구로 갈마 사다야
사다야 도로도로 미연제 마하미
연제 다라다라 다린나례 새바라
자라자라 마라 미마라 아마라
몰제 예혜혜 로계 새바라 라아
미사미 나사야 나베 사미사미
나사야 모하자라 미사미 나사야
호로호로 마라호로 하례 바나마
나바 사라사라 시리시리 소로소
로 못쟈못쟈 모다야 모다야 매

다리야 니라간타 가마사 날사남 바라 하리나야 마낙 사바하 신다야 사바하 마하신다야 사바하 신다유예 새바라야 사바하 니라간타야 사바하 바라하 목카싱하 목카야 사바하 바나마 하따야 사바하 자가라 욕다야 사바하 상카섭나녜 모다나야 사바하 마하라 구타다라야 사바하 바마사간타 이사시체다 가릿나 이나야 사바하 먀가라 잘마이바 사나야 사바하

『나모라 다나다라 야야 나막알야 바로기제 새바라야 사바하』(세번)

사방찬 (사방을 찬탄하는 게송)
四 方 讚

일쇄동방결도량
一 灑 東 方 潔 道 場

동방에 물뿌려서
청정도량 이루었고

이쇄남방득청량
二 灑 南 方 得 淸 凉

남방에 물뿌려서
청량함을 얻었으며

삼쇄서방구정토
三 灑 西 方 俱 淨 土

서방에 물뿌려서
정토세계 이루었고

사쇄북방영안강
四 灑 北 方 永 安 康

북방에 물뿌려서
영원안락 얻었도다

도량찬 (도량이 깨끗함을 찬탄함)
道 場 讚

도량청정무하예
道 場 淸 淨 無 瑕 穢

온도량이 깨끗하여
더러운것 없사오니

삼보천룡강차지
三 寶 天 龍 降 此 地

삼보님과 호법천룡
이도량에 내리소서

아금지송묘진언
我 今 持 誦 妙 眞 言

제가이제 묘한진언
받아지녀 외우노니

원사자비밀가호
願 賜 慈 悲 密 加 護

대자비를 베푸시어
저희들을 살피소서

참회게 (잘못을 참회하는 게송)
懺 悔 偈

아석소조제악업
我 昔 所 造 諸 惡 業

아득한 과거부터
지어왔던 모든악업

개유무시탐진치
皆 由 無 始 貪 瞋 癡

크고작은 모든것이
탐진치로 생기었고

종신구의지소생
從 身 口 意 之 所 生

몸과말과 뜻을따라
무명으로 지었기에

일체아금개참회
一 切 我 今 皆 懺 悔

저희들은 진심으로
참회하고 비나이다

참제업장십이존불 (업장을 참회하면 멸하여
懺 除 業 障 十 二 尊 佛   주시는 열두 분의 부처님)

나무참제업장보승장불
南 無 懺 除 業 障 寶 勝 藏 佛

보광왕화염조불
寶 光 王 火 餤 照 佛

일체향화자재력왕불
一 切 香 火 自 在 力 王 佛

백억항하사결정불
百 億 恒 河 沙 決 定 佛

진위덕불
振威德佛

금강견강소복괴산불
金剛堅强消伏壞散佛

보광월전묘음존왕불
普光月殿妙音尊王佛

환희장마니보적불
歡喜藏摩尼寶積佛

무진향승왕불
無盡香勝王佛

사자월불
獅子月佛

환희장엄주왕불
歡喜莊嚴珠王佛

제보당마니승광불
帝寶幢摩尼勝光佛

십악참회 (열가지 악업을 참회함)
十 惡 懺 悔

살생중죄금일참회
殺 生 重 罪 今 日 懺 悔

살생한 죄업
오늘 참회합니다

투도중죄금일참회 도둑질한 죄업
偸盜重罪今日懺悔 오늘 참회합니다

사음중죄금일참회 사음한 죄업
邪淫重罪今日懺悔 오늘 참회합니다

망어중죄금일참회 거짓말한 죄업
妄語重罪今日懺悔 오늘 참회합니다

기어중죄금일참회 꾸며서 말한 죄업
綺語重罪今日懺悔 오늘 참회합니다

양설중죄금일참회 이간질한 죄업
兩舌重罪今日懺悔 오늘 참회합니다

악구중죄금일참회 나쁜말한 죄업
惡口重罪今日懺悔 오늘 참회합니다

탐애중죄금일참회 탐애한 죄업
貪愛重罪今日懺悔 오늘 참회합니다

진에중죄금일참회 성내온 죄업
瞋恚重罪今日懺悔 오늘 참회합니다

치암중죄금일참회 우치한 죄업
癡暗重罪今日懺悔 오늘 참회합니다

백겁적집죄 백겁천겁 쌓인 죄업
百劫積集罪

일념돈탕진 한생각에 없어져서
一 念 頓 蕩 盡

여화분고초 마른풀을 태우듯이
如 火 焚 枯 草

멸진무유여 남김없이 사라지네
滅 盡 無 有 餘

죄무자성종심기 죄의자성 본래없어
罪 無 自 性 從 心 起 마음따라 일어나니

심약멸시죄역망 마음만약 없어지면
心 若 滅 時 罪 亦 亡 죄업또한 사라지네

죄망심멸양구공 죄와 마음 모두없애
罪 亡 心 滅 兩 俱 空 두가지다 공해지면

시즉명위진참회 이 경지를 진실로
是 則 名 爲 眞 懺 悔 참회라 이름하네

참회진언 (죄를 참회하는 진언)
懺 悔 眞 言

『**옴 살바 못자 모지 사다야
사바하**』(세번)

46 불공편

준제공덕취
准 提 功 德 聚
준제보살 크신공덕

적정심상송
寂 靜 心 常 誦
일념으로 지송하면

일체제대난
一 切 諸 大 難
그 어떠한 어려움도

무능침시인
無 能 侵 是 人
침노하지 못하리니

천상급인간
天 上 及 人 間
하늘이나 사람이나

수복여불등
受 福 如 佛 等
세존처럼 복받으며

우차여의주
遇 此 如 意 珠
이 여의주 얻은이는

정획무등등
定 獲 無 等 等
깨달음을 이루리라

『나무 칠구지불모 대준제보살』
(세번)

정법계진언 (우주 법계를 깨끗이 하는 진언)
淨 法 界 眞 言

『**옴 남**』(세번)

호신진언 (몸을 보호하는 진언)
護 身 眞 言

『**옴 치림**』(세번)

관세음보살 본심미묘 육자대명왕진언
觀 世 音 菩 薩 本 心 微 妙 六 字 大 明 王 眞 言
(관세음보살님의 미묘하신 본심을 보이는 여섯자로 된 대명왕 진언)

『**옴 마니 반메 훔**』(세번)

준제진언 (준제보살의 진언)
准 提 眞 言

나무 사다남 삼먁삼못다 구치남 다냐탸『옴 자례주례 준제 사바하 부림』(세번)

아금지송대준제 저희들이 대준제를
我 今 持 誦 大 准 提 지성으로 외우옵고

즉발보리광대원 크고넓은 보리심의
卽 發 菩 提 廣 大 願 서원을 세우오니

원아정혜속원명 선정지혜 함께닦아
願 我 定 慧 速 圓 明 어서빨리 밝아지이다

원아공덕개성취 거룩한 모든공덕
願 我 功 德 皆 成 就 모든함께 이루옵고

원아승복변장엄 높은복과 큰장엄을
願 我 勝 福 遍 莊 嚴 두루두루 갖추어서

원공중생성불도 한량없는 중생들과
願 共 衆 生 成 佛 道 불도를 이루리다

여래십대발원문 (부처님의 열가지 큰 발원문)
如 來 十 大 發 願 文

원아영리삼악도 영원토록 삼악도를
願 我 永 離 三 惡 道 여의옵기 원하오며

원아속단탐진치 하루속히 탐진치를
願 我 速 斷 貪 瞋 癡 끊기를 원하오며

원아상문불법승 한결같이 불법승을
願 我 常 聞 佛 法 僧 듣기를 원하오며

원아근수계정혜 부지런히 계정혜
願 我 勤 修 戒 定 慧 닦기를 원하오며

원아항수제불학 한결같이 부처님법
願 我 恒 隨 諸 佛 學 배우기를 원하오며

원아불퇴보리심 변함없이 보리심
願 我 不 退 菩 提 心 지키기를 원하오며

원아결정생안양 결정코 안양세계
願 我 決 定 生 安 養 태어나기 원하오며

원아속견아미타 하루속히 아미타불
願 我 速 見 阿 彌 陀 만나뵙기 원하오며

원아분신변진찰 온세상에 나의분신
願 我 分 身 遍 塵 刹 두루하기 원하오며

원아광도제중생 한량없는 모든중생
願 我 廣 度 諸 衆 生 제도하기 원합니다

발사홍서원 (네 가지 큰 원을 발함)
發 四 弘 誓 願

중생무변서원도 한량없는 모든중생
衆 生 無 邊 誓 願 度 남김없이 건지리다

번뇌무진서원단 번뇌망상 끝없지만
煩 惱 無 盡 誓 願 斷 남김없이 끊으리라

법문무량서원학
法門無量誓願學
한량없는 모든법문
남김없이 배우리다

불도무상서원성
佛道無上誓願成
부처님법 드높지만
남김없이 이루리다

자성중생서원도
自性衆生誓願度
마음의 중생부터
기어코 건지리다

자성번뇌서원단
自性煩惱誓願斷
마음의 번뇌부터
기어코 끊으리라

자성법문서원학
自性法門誓願學
마음의 법문부터
기어코 배우리라

자성불도서원성
自性佛道誓願成
마음의 불도부터
기어코 이루리라

발원이귀명례삼보 (삼보께 귀의하기 원합니다)
發願已歸命禮三寶

『나무상주시방불
南無常住十方佛
온누리에 항상계신
부처님께 귀의합니다

나무상주시방법
南無常住十方法
온누리에 항상계신
가르침에 귀의합니다

나무상주시방승』
南無常住十方僧
온누리에 항상계신
스님들께 귀의합니다

(세번)

정삼업진언 (몸과 입과 마음을 깨끗이 하는 진언)
淨 三 業 眞 言

『옴 사바바바 수다살바 달마
사바바바 수도함』(세번)

개단진언 (법단을 여는 진언)
開 壇 眞 言

『옴 바아라 뇨로 다가다야
삼마야 바라베 사야 훔』(세번)

건단진언 (법단을 세우는 진언)
建 壇 眞 言

『옴 난다난다 나지나지 난다바리
사바하』(세번)

정법계진언 (우주를 깨끗이 하는 진언)
淨 法 界 眞 言

나자색선백　　「나」의 글자는
羅 字 色 鮮 白　　색이곱고 흰데

공점이엄지
空 點 以 嚴 之

공의 점으로써
장엄하니

여피계명주
如 彼 髻 明 珠

저 육계상의
밝은 구슬같이

치지어정상
置 之 於 頂 上

정상에 놓여 있네

진언동법계
眞 言 同 法 界

진언과 법계가
둘이 아닐세

무량중죄제
無 量 衆 罪 除

한없이 지은 큰죄
소멸케 하니

일체촉예처
一 切 觸 穢 處

일체의 더러운 곳에
닿을 때마다

당가차자문
當 加 此 字 門

마땅히 이 진언을
지송합니다.

『**나무 삼만다 못다남 남**』(세번)

삼보통청
三 寶 通 淸

거 불
擧 佛

나무 불타부중 광림법회 (절)
南 無 佛 陀 部 衆 光 臨 法 會

나무 달마부중 광림법회 (절)
南 無 達 磨 部 衆 光 臨 法 會

나무 승가부중 광림법회 (절)
南 無 僧 伽 部 衆 光 臨 法 會

보소청진언
普 召 請 眞 言

『나무 보보제리 가리다리 다타 아다야』 (세번)

유치 由致

앙유 삼보대성자 종진정계 흥대
仰惟 三寶大聖者 從眞淨界 興大

비운 비신현신 포신운어삼천세
悲雲 非身現身 布身雲於三千世

계 무법설법 쇄법우어팔만진로
界 無法說法 灑法雨於八萬塵勞

개종종방편지문 도망망사계지
開種種方便之門 導茫茫沙界之

중 유구개수 여공곡지전성 무원
衆 有求皆遂 如空谷之傳聲 無願

부종 약징담지인월 시이 사바세
不從 若澄潭之印月 是以 娑婆世

계 차사천하 남섬부주 동양 대
界 此四天下 南贍部洲 東洋 大

한민국 ○○시 ○○구 ○○동 ○○
韓民國 市 區 洞

○사 청정도량 원아금차 지극지
寺 淸淨道場 願我今此 至極至

정성 기도공양 발원재자 ○○시
精誠 祈禱供養 發願齋者 ○○市

○○구 ○○동 거주 ○○○등 보체
區 洞 居住 等 保體

이 금월금일 건설법연 정찬공양
以 今月今日 虔設法筵 淨饌供養

제망중중 무진삼보자존 훈근작
帝網重重 無盡三寶慈尊 薰懃作

법 앙기묘원자 우복이 설명향이
法 仰祈妙援者 右伏以 爇茗香以

예청 정옥립이수재 재체수미 건
禮請 呈玉粒而修齋 齋體雖微 虔

성가민 기회자감 곡조미성 근병
誠可憫 冀回慈鑑 曲照微誠 謹秉

일심 선진삼청
一心 先陳三請

청 사
請 詞

나무 일심봉청 이대자비 이위체
南無 一心奉請 以大慈悲 以爲體

고 구호중생 이위자량 어제병고
故 救護衆生 以爲資粮 於諸病苦

위작양의 어실도자 시기정로 어
爲作良醫 於失道者 示其正路 於

암야중 위작광명 어빈궁자 영득
暗夜中 爲作光明 於貧窮者 永得

복장 평등요익 일체중생 청정법
福藏 平等饒益 一切衆生 淸淨法

신 비로자나불 원만보신 노사나
身 毘盧遮那佛 圓滿報身 盧舍那

불 천백억화신 석가모니불 구품
佛 千百億化身 釋迦牟尼佛 九品

도사 아미타불 당래하생 미륵존
導師 阿彌陀佛 當來下生 彌勒尊

불 시방상주 진여불보 일승원교
佛 十方常住 眞如佛寶 一乘圓敎

대화엄경 대승실교 묘법화경 삼
大華嚴經 大乘實敎 妙法華經 三

처전심 격외선전 시방상주 심심
處傳心 格外禪詮 十方常住 甚深

법보 대지문수사리보살 대행보현
法寶 大智文殊舍利菩薩 大行菩賢

보살 대비관세음보살 대원본존
菩薩 大悲觀世音菩薩 大願本尊

지장보살 전불심등 가섭존자 유
地藏菩薩 傳佛心燈 迦葉尊者 流

통교해 아난존자 시방상주 청정
通敎海 阿難尊者 十方常住 淸淨

승보 여시삼보 무량무변 일일주
僧寶 如是三寶 無量無邊 一一周

변 일일진찰 유원자비 연민유정
遍 一一塵刹 唯願慈悲 憐愍有情

강림도량 수차공양 (반절)
降臨道場 受此供養

향화청
香花請

불신보변시방중 삼세여래일체동
佛身普遍十方中 三世如來一切同

광대원운항부진 왕양각해묘난궁
廣大願雲恒不盡 汪洋覺海渺難窮

58 불공편

고아일심 귀명정례
故我一心 歸命頂禮

헌좌진언
獻座眞言

묘보리좌승장엄 제불좌이성정각
妙菩提座勝莊嚴 諸佛坐而成正覺

아금헌좌역여시 자타일시성불도
我今獻座亦如是 自他一時成佛道

『옴 바아라 미나야 사바하』(세번)

정법계진언
淨法界眞言

『옴 남』(세번)

공양시방조어사 연양청정미묘법
供養十方調御士 演揚淸淨微妙法

삼승사과해탈승
三乘四果解脫僧

원수애납수 원수애납수
願垂哀納受 願垂哀納受

원수자비애납수
願 垂 慈 悲 哀 納 受

사다라니(진언권공)
四 陀 羅 尼 　 眞 言 勸 供

향수나열 재자건성 욕구공양지
香 羞 羅 列 　 齋 者 虔 誠 　 欲 求 供 養 之

주원 수장가지지변화 앙유삼보
周 圓 　 須 仗 加 持 之 變 化 　 仰 唯 三 寶

특사가지
特 賜 加 持

『나무시방불 나무시방법
南 無 十 方 佛 　 南 無 十 方 法

나무시방승』(세번)
南 無 十 方 僧

무량위덕 자재광명승묘력 변식진언
無 量 威 德 　 自 在 光 明 勝 妙 力 　 變 食 眞 言

『나막 살바다타 아다 바로기제
옴 삼바라 삼바라 훔』(세번)

시감로수진언
施甘露水眞言

『나무 소로바야 다타아다야
다냐타 옴 소로소로 바라소로
바라소로 사바하』(세번)

일자수륜관진언
一字水輪觀眞言

『옴 밤 밤 밤밤』(세번)

유해진언
乳海眞言

『나무 사만다 못다남 옴 밤』(세번)

운심공양진언
運心供養眞言

원차향공변법계	보공무진삼보해
願此香供遍法界	普供無盡三寶海
자비수공증선근	영법주세보불은
慈悲受供增善根	令法住世報佛恩

『나막 살바다타 아제 비약미
새바 모계비약 살바타캄 오나
아제 바라혜맘 옴 아아나캄
사바하』(세번)

예 공
禮 供

지심정례공양 **삼계도사** **사생자부**
至心頂禮供養　三界導師　四生慈父

시아본사 **석가모니불**
是我本師　釋迦牟尼佛

지심정례공양 **시방삼세** **제망찰해**
至心頂禮供養　十方三世　帝網刹海

상주일체 **불타야중**
常住一切　佛陀耶衆

지심정례공양 **시방삼세** **제망찰해**
至心頂禮供養　十方三世　帝網刹海

상주일체 **달마야중**
常住一切　達摩耶衆

지심정례공양 대지 문수사리보살
至心頂禮供養 大智 文殊舍利菩薩

대행보현보살
大行普賢菩薩

대비관세음보살
大悲觀世音菩薩

대원본존 지장보살마하살
大願本尊 地藏菩薩摩訶薩

지심정례공양 영산당시 수불부촉
至心頂禮供養 靈山當時 受佛咐囑

십대제자 십육성
十大弟子 十六聖

오백성 독수성 내지
五百聖 獨修聖 乃至

천이백제대아라한
千二百諸大阿羅漢

무량자비성중
無量慈悲聖衆

지심정례공양 서건동진 급아해동
至心頂禮供養 西乾東震 及我海東

역대전등 제대조사
歷代傳燈 諸大祖師

천하종사 일체미진
天下宗師 一切微塵

수 제대선지식
數 諸大善知識

지심정례공양 시방삼세 제망찰해
至心頂禮供養 十方三世 帝網刹海

상주일체 승가야중
常住一切 僧伽耶衆

유원 무진삼보 대자대비 수차공양
唯願 無盡三寶 大慈大悲 受此供養

명훈가피력 원공법계제중생
冥薰加被力 願共法界諸衆生

자타일시성불도
自他一時成佛道

보공양진언
普供養眞言

『옴 아아나 삼바바 바아라 훔』 (세번)

보회향진언
普回向眞言

『옴 삼마라 삼마라 미만나 사라 마하 자거라 바 훔』(세번)

원성취진언
願成就眞言

『옴 아모카 살바다라 사다야 시베 훔』(세번)

보궐진언
補闕眞言

『옴 호로호로 사야모케 사바하』(세번)

찰진심념가수지	대해중수가음진
刹塵心念可數知	大海中水可飮盡
허공가량풍가계	무능진설불공덕
虛空可量風可繫	無能盡說佛功德

정근
精 勤

나무삼계도사 사생자부 시아본사
南無三界導師 四生慈父 是我本師

"석가모니불…"
釋迦牟尼佛

석가여래종자심진언
釋迦如來種子心眞言

『나무 사만다 못다남 박』(세번)

천상천하무여불 시방세계역무비
天上天下無如佛 十方世界亦無比

세간소유아진견 일체무유여불자
世間所有我盡見 一切無有如佛者

축 원
祝 願

지 장 청
地 藏 請

거 불
擧 佛

나무 유명교주 지장보살 (절)
南 無 幽 冥 敎 主 地 藏 菩 薩

나무 남방화주 지장보살 (절)
南 無 南 方 化 主 地 藏 菩 薩

나무 대원본존 지장보살 (절)
南 無 大 願 本 尊 地 藏 菩 薩

보소청진언
普 召 請 眞 言

『나무 보보제리 가리다리 다타

아다야』(세번)

유치 · 청사
由 致　請 詞

향화청 (세번) · 가영
香 花 請　　歌 詠

장상명주일과한　자연수색변래단
掌 上 明 珠 一 顆 寒　自 然 隨 色 辨 來 端

기회제기친분부　암실아손향외간
幾 回 提 起 親 分 付　暗 室 兒 孫 向 外 看

고아일심　귀명정례
故 我 一 心　歸 命 頂 禮

헌좌진언
獻 座 眞 言

묘보리좌승장엄　제불좌이성정각
妙 菩 提 座 勝 莊 嚴　諸 佛 坐 而 成 正 覺

아금헌좌역여시　자타일시성불도
我 今 獻 座 亦 如 是　自 他 一 時 成 佛 道

『옴 바아라 미나야 사바하』 (세번)

정법계진언
淨法界眞言

『**옴 남**』(7, 21번)

다 게
茶 偈

금장감로다 봉헌지장전
今 將 甘 露 茶　奉 獻 地 藏 前

감찰건간심
鑑 察 虔 懇 心

원수애납수 원수애납수
願 垂 哀 納 受　願 垂 哀 納 受

원수자비애납수
願 垂 慈 悲 哀 納 受

사다라니(진언권공)
四 陀 羅 尼　眞 言 勸 供

향수나열 재자건성 욕구공양지
香 羞 羅 列　齋 者 虔 誠　欲 求 供 養 之

주원 수장가지지변화 앙유삼보
周 圓　須 仗 加 持 之 變 化　仰 惟 三 寶

특사가지
特 賜 加 持

『나무시방불 나무시방법
南 無 十 方 佛   南 無 十 方 法

나무시방승』 (세번)
南 無 十 方 僧

무량위덕 자재광명승묘력 변식진언
無 量 威 德 自 在 光 明 勝 妙 力 變 食 眞 言

『나막 살바다타 아다 바로기제
옴 삼바라 삼바라 훔』 (세번)

시감로수진언
施 甘 露 水 眞 言

『나무 소로바야 다타아다야
다냐타 옴 소로소로 바라소로
바라소로 사바하』 (세번)

일자수륜관진언
一 字 水 輪 觀 眞 言

『옴 밤 밤 밤밤』 (세번)

유해진언
乳海眞言

『나무 사만다 못다남 옴 밤』(세번)

예 공
禮 供

지심정례공양 지장원찬 이십삼존
至 心 頂 禮 供 養 地 藏 願 讚 二 十 三 尊

제위여래불
諸 位 如 來 佛

지심정례공양 유명교주 지장보살
至 心 頂 禮 供 養 幽 冥 敎 主 地 藏 菩 薩

마하살
摩 訶 薩

지심정례공양 좌우보처 도명존자
至 心 頂 禮 供 養 左 右 補 處 道 明 尊 者

무독귀왕
無 毒 鬼 王

유원 지장대성 수차공양 명훈
唯 願 地 藏 大 聖 受 此 供 養 冥 薰

지장청 71

가피력 원공법계제중생 자타일
加被力 願共法界諸衆生 自他一

시성불도
時成佛道

보공양진언
普供養眞言

『옴 아아나 삼바바 바아라 훔』(세번)

보회향진언
普回向眞言

『옴 삼마라 삼마라 미만나 사라
마하 자거라 바 훔』(세번)

원성취진언
願成就眞言

『옴 아모카 살바다라 사다야
시베 훔』(세번)

보궐진언
補闕眞言

『옴 호로호로 사야모계 사바하』(세번)

정 근
精 勤

명호를 부르며 시간에 따라 알맞게 정근함.

나무 남방화주 대원본존
南無 南方化主 大願本尊

"지장보살…"
地藏菩薩

지장보살 멸정업진언
地藏菩薩 滅定業眞言

『옴 바라 마니다니 사바하』(세번)

지장대성위신력 항하사겁설난진
地藏大聖威神力 恒河沙劫說難盡

견문첨례일념간 이익인천무량사
見聞瞻禮一念間 利益人天無量事

축 원
祝 願

관음청
觀音請

거불
擧佛

나무 원통교주 관세음보살
南無 圓通教主 觀世音菩薩

나무 도량교주 관세음보살
南無 道場教主 觀世音菩薩

나무 원통회상 불보살
南無 圓通會上 佛菩薩

보소청진언
普召請眞言

『나무 보보제리 가리다리 다타
아다야』(세번)

유 치 · 청 사
由 致　　請 詞

향화청 (세번) · 가영
香 花 請　　　　　　歌 詠

백의관음무설설 남순동자불문문
白 衣 觀 音 無 說 說　南 巡 童 子 不 聞 聞

병상녹양삼제하 암전취죽시방춘
瓶 上 綠 楊 三 際 夏　巖 前 翠 竹 十 方 春

고아일심 귀명정례
故 我 一 心　歸 命 頂 禮

헌좌진언
獻 座 眞 言

묘보리좌승장엄 제불좌이성정각
妙 菩 提 座 勝 莊 嚴　諸 佛 坐 而 成 正 覺

아금헌좌역여시 자타일시성불도
我 今 獻 座 亦 如 是　自 他 一 時 成 佛 道

『옴 바아라 미나야 사바하』(세번)

정법계진언
淨法界眞言

『옴 남』(7, 21번)

다 게
茶 偈

금장감로다 봉헌관음전
今 將 甘 露 茶 奉 獻 觀 音 前

감찰건간심
鑑 察 虔 懇 心

원수애납수 원수애납수
願 垂 哀 納 受 願 垂 哀 納 受

원수자비애납수
願 垂 慈 悲 哀 納 受

사다라니(진언권공)
四 陀 羅 尼 眞 言 勸 供

향수나열 재자건성 욕구공양지
香 羞 羅 列 齋 者 虔 誠 欲 求 供 養 之

주원 수장가지지변화 앙유삼보
周 圓 須 仗 加 持 之 變 化 仰 惟 三 寶

특사가지
特賜加持

『나무시방불 나무시방법
南無十方佛 南無十方法

나무시방승』(세번)
南無十方僧

무량위덕 자재광명승묘력 변식진언
無量威德 自在光明勝妙力 變食眞言

『나막 살바다타 아다 바로기제
옴 삼바라 삼바라 훔』(세번)

시감로수진언
施甘露水眞言

『나무 소로바야 다타아다야
다냐타 옴 소로소로 바라소로
바라소로 사바하』(세번)

일자수륜관진언
一字水輪觀眞言

『옴 밤 밤 밤밤』(세번)

유해진언
乳海眞言

『나무 사만다 못다남 옴 밤』(세번)

예 공
禮 供

지심정례공양 보문시현 원력홍심
至心頂禮供養 普門示現 願力弘深

대자대비 관세음보살
大慈大悲 觀世音菩薩

지심정례공양 심성구고 응제중생
至心頂禮供養 尋聲救苦 應諸衆生

대자대비 관세음보살
大慈大悲 觀世音菩薩

지심정례공양 좌보처 남순동자
至心頂禮供養 左補處 南巡童子

우보처 해상용왕
右補處 海上龍王

유원 대자대비 관세음보살
唯願 大慈大悲 觀世音菩薩

수차공양 명훈가피력 원공법계
受 此 供 養 冥 薰 加 被 力 願 共 法 界

제중생 자타일시성불도
諸 衆 生 自 他 一 時 成 佛 道

보공양진언
普 供 養 眞 言

『옴 아아나 삼바바 바아라 훔』(세번)

보회향진언
普 回 向 眞 言

『옴 삼마라 삼마라 미만나 사라
마하 자거라 바 훔』(세번)

원성취진언
願 成 就 眞 言

『옴 아모카 살바다라 사다야
시베 훔』(세번)

보궐진언
補闕眞言

『옴 호로호로 사야모계 사바하』(세번)

정 근
精 勤

명호를 부르며 시간에 따라 알맞게 정근함.

나무 보문시현 원력홍심
南無 普聞示現 願力弘深

대자대비 구고구난 "관세음보살…"
大慈大悲 救苦救難 觀世音菩薩

관세음보살 멸업장진언
觀世音菩薩 滅業障眞言

『옴 아로늑계 사바하』(세번)

구족신통력 광수지방편
具足神通力 廣修智方便

시방제국토 무찰불현신
十方諸國土 無刹不現身

원멸사생육도 법계유정
願滅四生六道 法界有情

다겁생래제업장　아금참회계수례
多劫生來諸業障　我今懺悔稽首禮

원제죄장실소제　세세상행보살도
願諸罪障悉消除　世世常行菩薩道

원이차공덕　보급어일체
願以此功德　普及於一切

아등여중생　당생극락국
我等與衆生　當生極樂國

동견무량수　개공성불도
同見無量壽　皆共成佛道

축 원
祝 願

신 중 청
神 衆 請

거 불
擧 佛

나무 금강회상 불보살
南 無 金 剛 會 上 佛 菩 薩

나무 도리회상 성현중
南 無 忉 利 會 上 聖 賢 衆

나무 옹호회상 영기등중
南 無 擁 護 會 上 靈 祇 等 衆

보소청진언
普 召 請 眞 言

『나무 보보제리 가리다리 다타 아다야』(세번)

유치 · 청사
由致 請詞

향화청 (세번) · 가영
香花請　　　　　歌詠

옹호성중만허공 도재호광일도중
擁護聖衆滿虛空　都在毫光一道中

신수불어상옹호 봉행경전영류통
信受佛語常擁護　奉行經典永流通

고아일심 귀명정례
故我一心　歸命頂禮

헌좌진언
獻座眞言

아금경설보엄좌 봉헌화엄성중전
我今敬設寶嚴座　奉獻華嚴聖衆前

원멸진로망상심 속원해탈보리과
願滅塵勞妄想心　速願解脫菩提果

『옴 가마라 승하 사바하』(세번)

정법계진언
淨法界眞言

『옴 남』 (7, 21번)

공양게
供養偈

이차청정향운공 봉헌옹호성중전
以 此 淸 淨 香 雲 供　奉 獻 擁 護 聖 衆 前

감찰재자건간심
鑑 察 齋 者 虔 懇 心

원수애납수 원수애납수
願 垂 哀 納 受　願 垂 哀 納 受

원수자비애납수
願 垂 慈 悲 哀 納 受

사다라니(진언권공)
四 陀 羅 尼 眞 言 勸 供

향수나열 재자건성 욕구공양지
香 羞 羅 列　齋 者 虔 誠　欲 求 供 養 之

주원 수장가지지변화 앙유삼보
周 圓　須 仗 加 持 之 變 化　仰 惟 三 寶

특사가지
特 賜 加 持

『나무시방불　나무시방법
南 無 十 方 佛　　南 無 十 方 法

나무시방승』 (세번)
南 無 十 方 僧

무량위덕 자재광명승묘력 변식진언
無 量 威 德 自 在 光 明 勝 妙 力 變 食 眞 言

『나막 살바다타 아다 바로기제

옴 삼바라 삼바라 훔』(세번)

시감로수진언
施 甘 露 水 眞 言

『나무 소로바야 다타아다야

다냐타 옴 소로소로 바라소로

바라소로 사바하』(세번)

일자수륜관진언
一 字 水 輪 觀 眞 言

『옴 밤 밤 밤밤』(세번)

유해진언
乳 海 眞 言

『나무 사만다 못다남 옴 밤』(세번)

예 공
禮 供

지심정례공양 진법계 허공계
至 心 頂 禮 供 養 盡 法 界 虛 空 界

화엄회상 상계 욕색제천중
華 嚴 會 上 上 界 欲 色 諸 天 衆

지심정례공양 진법계 허공계
至 心 頂 禮 供 養 盡 法 界 虛 空 界

화엄회상 중계 팔부사왕중
華 嚴 會 上 中 界 八 部 四 王 衆

지심정례공양 진법계 허공계
至 心 頂 禮 供 養 盡 法 界 虛 空 界

화엄회상 하계 당처 일체
華 嚴 會 上 下 界 當 處 一 切

호법선신 영기등중
護 法 善 神 靈 祇 等 衆

유원 신중자비 옹호도량 실개수공
唯 願 神 衆 慈 悲 擁 護 道 場 悉 皆 受 供

발보리 시작불사도중생
發 菩 提 施 作 佛 事 度 衆 生

보공양진언
普 供 養 眞 言

『옴 아아나 삼바바 바아라 훔』(세번)

보회향진언
普 回 向 眞 言

『옴 삼마라 삼마라 미만나 사라
마하 자거라 바 훔』(세번)

원성취진언
願 成 就 眞 言

『옴 아모카 살바다라 사다야
시베 훔』(세번)

보궐진언
補闕眞言

『옴 호로호로 사야모계 사바하』(세번)

정 근
精 勤

명호를 부르며 시간에 따라 알맞게 정근함.

나무 불법문중 불리수호
南無 佛法門中 不離守護

"화엄성중 …"
華嚴聖衆

화엄성중혜감명　사주인사일념지
華嚴聖衆慧鑑明　四洲人事一念知

애민중생여적자　시고아금공경례
哀愍衆生如赤子　是故我今恭敬禮

축 원
祝 願

정근
精勤

석가모니불정근
釋迦牟尼佛精勤

나무 삼계도사 사생자부 시아본사
南無 三界導師 四生慈父 是我本師

석가모니불…
釋迦牟尼佛

(또는) **나무 영산불멸 학수쌍존**
南無 靈山不滅 鶴樹雙尊

시아본사 석가모니불…
是我本師 釋迦牟尼佛

천상천하무여불 시방세계역무비
天上天下無如佛 十方世界亦無比

세간소유아진견 일체무유여불자
世間所有我盡見 一切無有如佛者

고아일심 귀명정례
故我一心 歸命頂禮

관음정근
觀音精勤

나무 보문시현 원력홍심 대자대비
南無 普門示現 願力弘深 大慈大悲

구고구난 관세음보살 …
救苦救難 觀世音菩薩

관세음보살멸업장진언
觀世音菩薩滅業障眞言

『옴 아로늑계 사바하』(세번)

구족신통력 광수지방편
具足神通力 廣修智方便

시방제국토 무찰불현신
十方諸國土 無刹不現身

고아일심 귀명정례
故我一心 歸命頂禮

원멸사생육도 법계유정
願滅四生六道 法界有情

다겁생래죄업장 아금참회계수례
多劫生來罪業障 我今懺悔稽首禮

원제죄장실소제 세세상행보살도
願除罪障悉消除 世世常行菩薩道

원이차공덕　보급어일체
願 以 此 功 德　普 及 於 一 切

아등여중생　당생극락국
我 等 與 衆 生　當 生 極 樂 國

동견무량수　개공성불도
同 見 無 量 壽　皆 共 成 佛 道

지장보살정근
地 藏 菩 薩 精 勤

나무 남방화주 대원본존 지장보살…
南 無 南 方 化 主 大 願 本 尊 地 藏 菩 薩

지장보살멸정업진언
地 藏 菩 薩 滅 定 業 眞 言

『옴 바라 마니다니 사바하』(세번)

지장대성위신력　항하사겁설난진
地 藏 大 聖 威 神 力　恒 河 沙 劫 說 難 盡

견문첨례일념간　이익인천무량사
見 聞 瞻 禮 一 念 間　利 益 人 天 無 量 事

고아일심　귀명정례
故 我 一 心　歸 命 頂 禮

중단권공
中 壇 勸 供

진공진언
進 供 眞 言

『옴 반자 사바하』(세번)

공양게
供 養 偈

이차청정향운공 봉헌옹호성중전
以 此 淸 淨 香 雲 供　奉 獻 擁 護 聖 衆 前

감찰재자건간심 원수애납수
鑑 察 齋 者 虔 懇 心　願 垂 哀 納 受

원수애납수 원수자비애납수
願 垂 哀 納 受　願 垂 慈 悲 哀 納 受

지심정례공양 진법계허공계
至 心 頂 禮 供 養　盡 法 界 虛 空 界

화엄회상 상계 욕색제천중
華 嚴 會 上　上 界　欲 色 諸 天 衆

지심정례공양 진법계허공계
至心頂禮供養　盡法界虛空界

화엄회상 중계 팔부사왕중
華嚴會上　中界　八部四王衆

지심정례공양 진법계허공계
至心頂禮供養　盡法界虛空界

화엄회상 하계 당처 일체
華嚴會上　下界　當處　一切

호법선신 영기등중
護法善神　靈祇等衆

유원 신중자비 옹호도량 실개
唯願　神衆慈悲　擁護道場　悉皆

수공발보리 시작불사도중생
受供發菩提　施作佛事度衆生

상래가지이흘 공양장진 이차향
上來加持已訖　供養將進　以此香

수 특신공양 향공양 연향공양 등
羞　特伸供養　香供養　然香供養　燈

공양 연등공양 다공양 선다공양
供養　然燈供養　茶供養　仙茶供養

과공양 선과공양 미공양 향미공
果供養 仙果供養 米供養 香米供

양 유원신장 애강도량 불사자비
養 唯願神將 哀降道場 不捨慈悲

수차공양
受此供養

보공양진언
普供養眞言

『옴 아아나 삼바바 바아라 훔』(세번)

금강심진언
金剛心眞言

『옴 오륜이 사바하』(세번)

예적대원만다라니
穢跡大圓滿陀羅尼

계수예적금강부 석가화현금강신
稽首穢跡金剛部 釋迦化現金剛身

삼두노목아여검 팔비개집항마구
三頭弩目牙如劍 八臂皆執降魔具

94 불공편

독사영락요신비 삼매화륜자수신
毒蛇瓔珞繞身臂 三昧火輪自隨身

천마외도급망량 문설신주개포주
天魔外道及魍魎 聞說神呪皆怖走

원승가지대위력 속성불사무상도
願承加持大威力 速成佛事無上道

『옴 빌실구리 마하바라 한내 믹
집믹 혜마니 미길미 마나세 옴
자가나 오심모구리 훔 훔 훔 박
박 박박박 사바하』(세번)

항마진언
降魔眞言

아이금강삼등방편
我以金剛三等方便

신승금강반월풍륜
身乘金剛半月風輪

단상구방남자광명
壇上口放喃字光明

소여무명소적지신
燒汝無明所積之身

역칙천상공중지하
亦勅天上空中地下

소유일체작제장난
所有一切作諸障難

불선심자개래호궤
不善心者皆來胡跪

청아소설가지법음
聽我所說加持法音

사제포악패역지심
捨諸暴惡悖逆之心

어불법중함기신심
於佛法中咸起信心

옹호도량 역호시주 강복소재
擁護道場 亦護施主 降福消災

『옴 소마니 소마니 훔 하리한나
하리한나 훔 하리한나 바나야

훔 아나야 혹 바아밤 바아라
훔 바탁』(세번)

제석천왕제구예진언
帝釋天王除垢穢眞言

『아지부 제리나 아지부 제리나
미아 제리나 오소 제리나
아부다 제리나 구소 제리나
사바하』(세번)

십대명왕본존진언
十大明王本尊眞言

『옴 호로호로 지따지따 반다반다
하나하나 아미리제 옴 박』(세번)

소청팔부진언
召請八部眞言

『옴 살바디바나 가아나리 사바하』
(세번)

반야심경 (p. 26쪽 참조)
般若心經

불설소재길상다라니
佛說消災吉祥陀羅尼

『나무 사만다 못다남 아바라지 하다사 사나남 다냐타 옴 카 카 카헤카헤 훔훔 아바라 아바라 바라아바라 바라아바라 지따지따 지리지리 빠다 빠다 선지가 시리예 사바하』(세번)

화엄경 약찬게
華嚴經 略纂偈

대방광불화엄경
大方廣佛華嚴經

용수보살약찬게
龍樹菩薩略纂偈

나무화장세계해
南無華藏世界海

비로자나진법신
毘盧遮那眞法身

현재설법노사나
現在說法盧舍那

석가모니제여래
釋迦牟尼諸如來

과거현재미래세
過去現在未來世

시방일체제대성
十方一切諸大聖

근본화엄전법륜
根本華嚴轉法輪

해인삼매세력고
海印三昧勢力故

보현보살제대중
普賢菩薩諸大衆

집금강신신중신
執金剛神身衆神

족행신중도량신
足行神衆道場神

주성신중주지신
主城神衆主地神

주산신중주림신
主山神衆主林神

주약신중주가신
主藥神衆主稼神

주하신중주해신 주수신중주화신
主河神衆主海神 主水神衆主火神

주풍신중주공신 주방신중주야신
主風神衆主空神 主方神衆主夜神

주주신중아수라 가루라왕긴나라
主晝神衆阿修羅 迦樓羅王緊那羅

마후라가야차왕 제대용왕구반다
摩睺羅伽夜叉王 諸大龍王鳩槃茶

건달바왕월천자 일천자중도리천
乾闥婆王月天子 日天子衆忉利天

야마천왕도솔천 화락천왕타화천
夜摩天王兜率天 化樂天王他化天

대범천왕광음천 변정천왕광과천
大梵天王光音天 遍淨天王廣果天

대자재왕불가설 보현문수대보살
大自在王不可說 普賢文殊大菩薩

법혜공덕금강당 금강장급금강혜
法慧功德金剛幢 金剛藏及金剛慧

광염당급수미당 대덕성문사리자
光焰幢及須彌幢 大德聲聞舍利子

급여비구해각등 우바새장우바이
及 與 比 丘 海 覺 等　優 婆 塞 長 優 婆 夷

선재동자동남녀 기수무량불가설
善 財 童 子 童 男 女　其 數 無 量 不 可 說

선재동자선지식 문수사리최제일
善 財 童 子 善 知 識　文 殊 舍 利 最 第 一

덕운해운선주승 미가해탈여해당
德 雲 海 雲 善 住 僧　彌 伽 解 脫 與 海 幢

휴사비목구사선 승열바라자행녀
休 舍 毘 目 瞿 沙 仙　勝 熱 婆 羅 慈 行 女

선견자재주동자 구족우바명지사
善 見 自 在 主 童 子　具 足 優 婆 明 智 士

법보계장여보안 무염족왕대광왕
法 寶 髻 長 與 普 眼　無 厭 足 王 大 光 王

부동우바변행외 우바라화장자인
不 動 優 婆 遍 行 外　優 婆 羅 華 長 者 人

바시라선무상승 사자빈신바수밀
婆 施 羅 船 無 上 勝　獅 子 嚬 伸 婆 須 密

비실지라거사인 관자재존여정취
毘 瑟 祗 羅 居 士 人　觀 自 在 尊 與 正 趣

대천안주주지신 大天安住主地神　　바산바연주야신 婆珊婆演主夜神

보덕정광주야신 普德淨光主夜神　　희목관찰중생신 喜目觀察衆生神

보구중생묘덕신 普救衆生妙德神　　적정음해주야신 寂靜音海主夜神

수호일체주야신 守護一切主夜神　　개부수화주야신 開敷樹華主夜神

대원정진력구호 大願精進力救護　　묘덕원만구바녀 妙德圓滿瞿婆女

마야부인천주광 摩耶夫人天主光　　변우동자중예각 遍友童子衆藝覺

현승견고해탈장 賢勝堅固解脫長　　묘월장자무승군 妙月長者無勝軍

최적정바라문자 最寂靜婆羅門者　　덕생동자유덕녀 德生童子有德女

미륵보살문수등 彌勒菩薩文殊等　　보현보살미진중 普賢菩薩微塵衆

어차법회운집래 於此法會雲集來　　상수비로자나불 常隨毘盧遮那佛

어언화장세계해   조화장엄대법륜
於蓮華藏世界海   造化莊嚴大法輪

시방허공제세계   역부여시상설법
十方虛空諸世界   亦復如是常說法

육육육사급여삼   일십일일역부일
六六六四及與三   一十一一亦復一

세주묘엄여래상   보현삼매세계성
世主妙嚴如來相   普賢三昧世界成

화장세계노사나   여래명호사성제
華藏世界盧舍那   如來名號四聖諦

광명각품문명품   정행현수수미정
光明覺品問明品   淨行賢首須彌頂

수미정상게찬품   보살십주범행품
須彌頂上偈讚品   菩薩十住梵行品

발심공덕명법품   불승야마천궁품
發心功德明法品   佛昇夜摩天宮品

야마천궁게찬품   십행품여무진장
夜摩天宮偈讚品   十行品與無盡藏

불승도솔천궁품   도솔천궁게찬품
佛昇兜率天宮品   兜率天宮偈讚品

십회향급십지품 십정십통십인품
十回向及十地品 十定十通十忍品

아승지품여수량 보살주처불부사
阿僧祇品與壽量 菩薩住處佛不思

여래십신상해품 여래수호공덕품
如來十身相海品 如來隨好功德品

보현행급여래출 이세간품입법계
普賢行及如來出 離世間品入法界

시위십만게송경 삼십구품원만교
是爲十萬偈頌經 三十九品圓滿敎

풍송차경신수지 초발심시변정각
諷誦此經信受持 初發心時便正覺

안좌여시국토해 시명비로자나불
安坐如是國土海 是名毘盧遮那佛

원성취진언
願成就眞言

『옴 아모카 살바다라 사다야

시베 훔』(세번)

보궐진언
補闕眞言

『옴 호로호로 사야모케 사바하』
(세번)

보회향진언
普回向眞言

『옴 삼마라 삼마라 미만나 사라

마하 자거라 바 훔』(세번)

화엄성중혜감명　사주인사일념지
華嚴聖衆慧鑑明　四洲人事一念知

애민중생여적자　시고아금공경례
哀愍衆生如赤子　是故我今恭敬禮

고아일심 귀명정례
故我一心 歸命頂禮

축 원
祝 願

반야심경
般若心經

마하반야바라밀다심경
摩訶般若波羅蜜多心經

관자재보살 행심반야바라밀다시
觀自在菩薩 行深般若波羅蜜多時

조견오온개공 도일체고액 사리
照見五蘊皆空 度一切苦厄 舍利

자 색불이공 공불이색 색즉시공
子 色不異空 空不異色 色卽是空

공즉시색 수상행식 역부여시 사
空卽是色 受想行識 亦復如是 舍

리자 시제법공상 불생불멸 불구
利子 是諸法空相 不生不滅 不垢

부정 부증불감 시고 공중무색
不淨 不增不減 是故 空中無色

무수상행식 무안이비설신의 무
無受想行識 無眼耳鼻舌身意 無

색성향미촉법 무안계 내지 무의
色聲香味觸法 無眼界 乃至 無意

식계 무무명 역무무명진 내지 무
識界 無無明 亦無無明盡 乃至 無

노사 역무노사진 무고집멸도 무
老死 亦無老死盡 無苦集滅道 無

지역무득 이무소득고 보리살타
智亦無得 以無所得故 菩提薩埵

의반야바라밀다고 심무가애 무
依般若波羅蜜多故 心無罣碍 無

가애고 무유공포 원리전도몽상
罣碍故 無有恐怖 遠離顚倒夢想

구경열반 삼세제불 의반야바라
究竟涅槃 三世諸佛 依般若波羅

밀다고 득아뇩다라삼먁삼보리
蜜多故 得阿耨多羅三藐三菩提

고지반야바라밀다 시대신주 시대
故知般若波羅蜜多 是大神呪 是大

명주 시무상주 시무등등주 능제
明呪 是無上呪 是無等等呪 能除

일체고 진실불허 고설반야바라
一切苦 眞實不虛 故說般若波羅

밀다주 즉설주왈
蜜多呪 卽說呪曰

『아제아제 바라아제 바라승아제
揭諦揭諦 婆羅揭諦 婆羅僧揭諦

모지 사바하』(세번)
菩提 娑婆訶

우리말 반야심경

마하반야바라밀다심경
관자재보살이 깊은 반야바라밀
다를 행할 때,
오온이 공한 것을 비추어 보고
온갖 고통에서 건너느니라.

사리자여! 색이 공과 다르지
않고 공이 색과 다르지 않으며,
색이 곧 공이요 공이 곧 색이니,
수·상·행·식도 그러하니라.
사리자여! 모든 법은 공하여
나지도 멸하지도 않으며,
더럽지도 깨끗하지도 않으며,
늘지도 줄지도 않느니라.
그러므로 공 가운데는 색이 없고
수·상·행·식도 없으며,
안·이·비·설·신·의도 없고,
색·성·향·미·촉·법도 없으

며, 눈의 경계도 의식의 경계까지도 없고, 무명도 무명이 다함까지도 없으며, 늙고 죽음도 늙고 죽음이 다함까지도 없고,

고·집·멸·도도 없으며,

지혜도 얻음도 없느니라.

얻을 것이 없는 까닭에 보살은 반야바라밀다를 의지하므로 마음에 걸림이 없고 걸림이 없으므로 두려움이 없어서, 뒤바뀐 헛된 생각을 멀리 떠나 완전한 열반에 들어가며,

삼세의 모든 부처님도
반야바라밀다를 의지하므로
최상의 깨달음을 얻느니라.
반야바라밀다는 가장 신비하고
밝은 주문이며 위없는 주문이며
무엇과도 견줄 수 없는 주문이니,
온갖 괴로움을 없애고 진실하여
허망하지 않음을 알지니라.
이제 반야바라밀다주를 말하리라.

『아제아제 바라아제 바라승
　아제 모지 사바하』(세번)

명 부 전
冥 府 殿

상 단
上 壇

헌향진언
獻 香 眞 言

『옴 바아라 도비야 훔』(세번)

지심귀명례 지장원찬 이십삼존
至心歸命禮 地藏願讚 二十三尊

제위여래불
諸位如來佛

지심귀명례 유명교주
至心歸命禮 幽冥教主

지장보살마하살
地藏菩薩摩訶薩

지심귀명례 좌우보처
至心歸命禮 左右補處

도명존자 무독귀왕
道明尊者 無毒鬼王

지장대성위신력 항하사겁설난진
地藏大聖威神力 恒河沙劫設難盡

견문첨례일념간 이익인천무량사
見聞瞻禮一念間 利益人天無量事

고아일심 귀명정례
故我一心 歸命頂禮

중 단
中 壇

헌향진언
獻香眞言

『옴 바아라 도비야 훔』(세번)

지심귀명례 풍도대제
至心歸命禮 酆都大帝

명부시왕중
冥府十王中

지심귀명례 태산부군
至心歸命禮 泰山府君

판관귀왕중
判官鬼王衆

지심귀명례 장군동자 사자졸이
至心歸命禮 將軍童子 使者卒吏

아방등중
阿旁等衆

제성자풍수불호 명왕원해최난궁
諸聖慈風誰不好 冥王願海最難窮

오통신속우란측 명찰인간순식중
五通迅速尤難測 明察人間瞬息中

고아일심 귀명정례
故我一心 歸命頂禮

신 중 단
神 衆 壇

다 게
茶 偈

청정명다약　능제병혼침
清淨茗茶藥　能除病昏沈

유기옹호중　원수애납수
唯冀擁護衆　願垂哀納受

원수애납수　원수자비애납수
願垂哀納受　願垂慈悲哀納受

헌향진언
獻香眞言

『옴 바아라 도비야 훔』(세번)

지심귀명례　진법계허공계
至心歸命禮　盡法界虛空界

화엄회상 상계
華嚴會上　上界

욕색제천중
欲色諸天衆

지심귀명례 진법계허공계
至心歸命禮　盡法界虛空界

화엄회상 중계
華嚴會上　衆界

팔부사왕중
八部四王衆

지심귀명례 진법계허공계
至心歸命禮　盡法界虛空界

화엄회상 하계 당처
華嚴會上　下界　當處

일체호법선신 영기등중
一切護法善神　靈祇等衆

원제천룡팔부중 위아옹호불리신
願諸天龍八部衆　爲我擁護不離身

어제난처무제난 여시대원능성취
於諸難處無諸難　如是大願能成就

축 원
祝　願

칠 성 단
七 星 壇

헌향진언

獻香眞言

『옴 바아라 도비야 훔』 (세번)

지심귀명례 금륜보계

至心歸命禮 金輪寶界

치성광여래불

熾盛光如來佛

지심귀명례 좌우보처 일광월광

至心歸命禮 左右補處 日光月光

양대보살

兩大菩薩

지심귀명례 북두대성 칠원성군

至心歸命禮 北斗大星 七元星君

주천열요 제성군중

周天列曜 諸星君衆

자미대제통성군　십이궁중태을신
紫微大帝統星君　十二宮中太乙神

칠정제림위성주　삼태공조작현신
七政齊臨爲聖主　三台共照作賢臣

고아일심　귀명정례
故我一心　歸命頂禮

북두주
北斗呪

북두구진중천대신
北斗九辰中天大神

상조금궐하부곤륜
上朝金闕下覆崑崙

조리강기통제건곤
調理綱紀統制乾坤

대괴탐낭거문녹존
大魁貪狼巨門祿存

문곡염정무곡파군
文曲廉貞武曲破軍

고상옥황자미제군
高上玉皇紫微帝君

대주천계세입미진
大周天界細入微塵

하재불멸하복부진
何災不滅何福不臻

원황정기내합아신
元皇正氣來合我身

천강소지주야상륜
天罡所指晝夜常輪

속거소인호도구령
俗居小人好道救靈

원견존의영보장생
願見尊儀永保長生

삼태허정육순곡생
三台虛精六淳曲生

생아양아호아신형
生我養我護我身形

괴작관행 필보표 존제
魁魙魓魖 魒魓魓 尊帝

급급여율령 사바하
急急如律令 娑婆訶

독 성 단
獨 聖 壇

지심귀명례 천태산상 독수선정
至心歸命禮 天台山上 獨修禪定

나반존자
那畔尊者

지심귀명례 천상인간 응공복전
至心歸命禮 天上人間 應供福田

나반존자
那畔尊者

지심귀명례 불입열반 대사용화
至心歸命禮 不入涅槃 待竢龍華

나반존자
那畔尊者

나반신통세소희 행장현화임시위
那畔神通世所稀 行藏現化任施爲

송암은적경천겁 생계잠형입사유
松巖隱跡經千劫　生界潛形入四維

고아일심　귀명정례
故我一心　歸命頂禮

산 신 단
山 神 壇

지심귀명례 만덕고승 성개한적
至心歸命禮 萬德高勝 性皆閑寂

산왕대신
山 王 大 神

지심귀명례 차산국내 항주대성
至心歸命禮 此山局內 恒住大聖

산왕대신
山 王 大 神

지심귀명례 시방법계 지령지성
至心歸命禮 十方法界 至靈至誠

산왕대신
山 王 大 神

영산석일여래촉 위진강산도중생
靈山昔日如來囑 威振江山度衆生

만리백운청장리 운거학가임한정
萬里白雲靑嶂裡 雲車鶴駕任閑情

고아일심 귀명정례
故我一心 歸命頂禮

산왕경
山王經

대산소산산왕대신
大山小山山王大神

대악소악산왕대신
大岳小岳山王大神

대각소각산왕대신
大覺小覺山王大神

대축소축산왕대신
大丑小丑山王大神

미산재처산왕대신
尾山在處山王大神

이십육정산왕대신
二十六丁山王大神

외악명산산왕대신
外岳明山山王大神

사해피발산왕대신
四海被髮山王大神

명당토산산왕대신
明堂土山山王大神

금궤대덕산왕대신
金匱大德山王大神

청룡백호산왕대신
靑龍白虎山王大神

현무주작산왕대신
玄武朱雀山王大神

동서남북산왕대신
東西南北山王大神

원산근산산왕대신
遠山近山山王大神

상방하방산왕대신
上方下方山王大神

흉산길산산왕대신
凶山吉山山王大神

조 왕 단
竈 王 壇

지심귀명례 팔만사천 조왕대신
至心歸命禮 八萬四千 竈王大神

지심귀명례 좌보처 담시역사
至心歸命禮 左補處 擔柴力士

지심귀명례 우보처 조식취모
至心歸命禮 右補處 造食炊母

향적주중상출납 호지불법역최마
香積廚中常出納 護持佛法亦摧魔

인간유원내성축 제병소재강복다
人間有願來誠祝 除病消災降福多

고아일심 귀명정례
故我一心 歸命頂禮

조왕경
竈王經

계수장엄조왕신 시방조요대광명
稽首莊嚴竈王神 十方照曜大光明

위광자재조왕신　토지용신개환희
威光自在竈王神　土地龍神皆歡喜

천상사관조왕신　합가인중총안령
天上仕官竈王神　闔家人重總安寧

내외길창조왕신　금은옥백만당진
內外吉昌竈王神　金銀玉帛滿堂進

상봉길경조왕신　악귀사신퇴산거
常逢吉慶竈王神　惡鬼邪神退散去

지망주성조왕신　억선만복개구족
志望周成竈王神　億善萬福皆具足

이장안주조왕신　부부가인증복수
離障安住竈王神　夫婦家人增福壽

재앙영멸조왕신　백병소제대길상
災殃永滅竈王神　百病消除大吉祥

증시수호조왕신　백곡승출양잠배
曾時守護竈王神　百穀勝出養蠶倍

구호사택조왕신　일체제신개환희
救護舍宅竈王神　一切諸神皆歡喜

앙고 팔만사천 조왕대신전 첨수
仰告　八萬四千　竈王大神前　僉垂

연민지지정 각방신통지묘력 원
憐 愍 之 至 情 各 放 神 通 之 妙 力 願

아금차 사바세계 남섬부주 동양
我 今 此 娑 婆 世 界 南 贍 部 洲 東 洋

대한민국 ○○○시 ○○구 ○○동
大 韓 民 國　　　　市　　　區　　　洞

거주 지극지성심 헌공발원재자
居 住 至 極 至 誠 心 獻 供 發 願 齋 者

건명 ○○생 ○○○ 보체 이차
乾 名　　　生　　　　保 體 以 此

인연공덕 일일유천상지경 시시
因 緣 功 德 日 日 有 千 祥 之 慶 時 時

무백해지재 사대강건 육근청정
無 百 害 之 災 四 大 强 健 六 根 淸 淨

안과태평 수명장원 자손창성
安 過 太 平 壽 命 長 遠 子 孫 昌 盛

부귀영화 만사여의 원만성취
富 貴 榮 華 萬 事 如 意 圓 滿 成 就

지대원 원제유정등 구호길상
之 大 願 願 諸 有 情 等 俱 護 吉 祥

마하반야바라밀
摩 訶 般 若 波 羅 蜜

미 륵 단
彌　勒　壇

지심귀명례　현거도솔　당강용화
至心歸命禮　現居兜率　當降龍華

자씨미륵존불
慈氏彌勒尊佛

지심귀명례　복연증승　수량무궁
至心歸命禮　福緣增勝　壽量無窮

자씨미륵존불
慈氏彌勒尊佛

지심귀명례　원력장엄　자비광대
至心歸命禮　願力莊嚴　慈悲廣大

자씨미륵존불
慈氏彌勒尊佛

고거도솔허제반　원사용화조우단
高居兜率許蹄攀　遠俟龍華遭遇難

백옥호휘현법계 자금의상화진환
白 玉 毫 輝 玄 法 界　紫 金 儀 相 化 塵 寰

고아일심 귀명정례
故 我 一 心　歸 命 頂 禮

백팔대참회문
百八大懺悔文

1. 대자비로 중생들을 어여삐보사
   대희대사 베푸시어 제도하시고
   수승하온 지혜덕상 장엄하시니
   저희들이 정성다해 예배합니다.

2. 지심귀명례 금강상사
   至心歸命禮　金剛上師

3. 귀의불 귀의법 귀의승
   歸依佛　歸依法　歸依僧

4. 제가이제 발심하여 예배하옴은
   제스스로 복얻거나 천상에나며
   성문연각 보살지위 구함아니요

오직오직 최상승을 의지하옵고
아뇩다라 삼보리심 냄이오이다.
원하노니 시방세계 모든중생이
모두함께 무상보리 얻어지이다.

5. 지심귀명례 시방 진허공계
至 心 歸 命 禮 十 方 盡 虛 空 界

일체제불
一 切 諸 佛

6. 지심귀명례 시방 진허공계
至 心 歸 命 禮 十 方 盡 虛 空 界

일체존법
一 切 尊 法

7. 지심귀명례 시방 진허공계
至 心 歸 命 禮 十 方 盡 虛 空 界

일체현성승
一 切 賢 聖 僧

8. 지심귀명례 여래 응공 정변지
至心歸命禮 如來 應供 正遍知

명행족 선서 세간해 무상사
明行足 善逝 世間解 無上士

조어장부 천인사 불세존
調御丈夫 天人師 佛世尊

9. 지심귀명례 보광불
至心歸命禮 普光佛

10. 지심귀명례 보명불
至心歸命禮 普明佛

11. 지심귀명례 보정불
至心歸命禮 普淨佛

12. 지심귀명례 다마라발전단향불
至心歸命禮 多摩羅跋栴檀香佛

13. 지심귀명례 전단광불
至心歸命禮 栴檀光佛

14. 지심귀명례 마니당불
至心歸命禮 摩尼幢佛

15. 지심귀명례 환희장마니보적불
   至 心 歸 命 禮　歡 喜 藏 摩 尼 寶 積 佛

16. 지심귀명례
   至 心 歸 命 禮

   일체세간락견상대정진불
   一 切 世 間 樂 見 上 大 精 進 佛

17. 지심귀명례 마니당등광불
   至 心 歸 命 禮　摩 尼 幢 燈 光 佛

18. 지심귀명례 혜거조불
   至 心 歸 命 禮　慧 炬 照 佛

19. 지심귀명례 해덕광명불
   至 心 歸 命 禮　海 德 光 明 佛

20. 지심귀명례 금강뢰강보산금광불
   至 心 歸 命 禮　金 剛 牢 強 普 散 金 光 佛

21. 지심귀명례 대강정진용맹불
   至 心 歸 命 禮　大 強 精 進 勇 猛 佛

22. 지심귀명례 대비광불
   至 心 歸 命 禮　大 悲 光 佛

23. 지심귀명례 자력왕불
至心歸命禮 慈力王佛

24. 지심귀명례 자장불
至心歸命禮 慈藏佛

25. 지심귀명례 전단굴장엄승불
至心歸命禮 栴檀窟莊嚴勝佛

26. 지심귀명례 현선수불
至心歸命禮 賢善首佛

27. 지심귀명례 선의불
至心歸命禮 善意佛

28. 지심귀명례 광장엄왕불
至心歸命禮 廣莊嚴王佛

29. 지심귀명례 금화광불
至心歸命禮 金華光佛

30. 지심귀명례 보개조공자재력왕불
至心歸命禮 寶蓋照空自在力王佛

31. 지심귀명례 허공보화광불
至心歸命禮 虛空寶華光佛

32. 지심귀명례 유리장엄왕불
至心歸命禮 琉璃莊嚴王佛

33. 지심귀명례 보현색신광불
至心歸命禮 普賢色身光佛

34. 지심귀명례 부동지광불
至心歸命禮 不動智光佛

35. 지심귀명례 항복중마왕불
至心歸命禮 降伏衆魔王佛

36. 지심귀명례 재광명불
至心歸命禮 才光明佛

37. 지심귀명례 지혜승불
至心歸命禮 智慧勝佛

38. 지심귀명례 미륵선광불
至心歸命禮 彌勒仙光佛

39. 지심귀명례 선적월음묘존지왕불
至心歸命禮 善寂月音妙尊智王佛

40. 지심귀명례 세정광불
至心歸命禮 世淨光佛

41. 지심귀명례 용종상존왕불
至 心 歸 命 禮　龍 種 上 尊 王 佛

42. 지심귀명례 일월광불
至 心 歸 命 禮　日 月 光 佛

43. 지심귀명례 일월주광불
至 心 歸 命 禮　日 月 珠 光 佛

44. 지심귀명례 혜당승왕불
至 心 歸 命 禮　慧 幢 勝 王 佛

45. 지심귀명례 사자후자재력왕불
至 心 歸 命 禮　獅 子 吼 自 在 力 王 佛

46. 지심귀명례 묘음승불
至 心 歸 命 禮　妙 音 勝 佛

47. 지심귀명례 상광당불
至 心 歸 命 禮　常 光 幢 佛

48. 지심귀명례 관세등불
至 心 歸 命 禮　觀 世 燈 佛

49. 지심귀명례 혜위등왕불
至 心 歸 命 禮　慧 威 燈 王 佛

50. 지심귀명례 법승왕불
至心歸命禮 法勝王佛

51. 지심귀명례 수미광불
至心歸命禮 須彌光佛

52. 지심귀명례 수만나화광불
至心歸命禮 須曼那華光佛

53. 지심귀명례 우담발라화수승왕불
至心歸命禮 優曇鉢羅華殊勝王佛

54. 지심귀명례 대혜력왕불
至心歸命禮 大慧力王佛

55. 지심귀명례 아촉비환희광불
至心歸命禮 阿閦毘歡喜光佛

56. 지심귀명례 무량음성왕불
至心歸命禮 無量音聲王佛

57. 지심귀명례 재광불
至心歸命禮 才光佛

58. 지심귀명례 금해광불
至心歸命禮 金海光佛

59. 지심귀명례 산해혜자재통왕불
至心歸命禮 山海慧自在通王佛

60. 지심귀명례 대통광불
至心歸命禮 大通光佛

61. 지심귀명례 일체법상만왕불
至心歸命禮 一切法常滿王佛

62. 지심귀명례 석가모니불
至心歸命禮 釋迦牟尼佛

63. 지심귀명례 금강불괴불
至心歸命禮 金剛不壞佛

64. 지심귀명례 보광불
至心歸命禮 寶光佛

65. 지심귀명례 용존왕불
至心歸命禮 龍尊王佛

66. 지심귀명례 정진군불
至心歸命禮 精進軍佛

67. 지심귀명례 정진희불
至心歸命禮 精進喜佛

68. 지심귀명례 보화불
至心歸命禮 寶火佛

69. 지심귀명례 보월광불
至心歸命禮 寶月光佛

70. 지심귀명례 현무우불
至心歸命禮 現無愚佛

71. 지심귀명례 보월불
至心歸命禮 寶月佛

72. 지심귀명례 무구불
至心歸命禮 無垢佛

73. 지심귀명례 이구불
至心歸命禮 離垢佛

74. 지심귀명례 용시불
至心歸命禮 勇施佛

75. 지심귀명례 청정불
至心歸命禮 清淨佛

76. 지심귀명례 청정시불
至心歸命禮 清淨施佛

77. 지심귀명례 사유나불
至心歸命禮 娑留那佛

78. 지심귀명례 수천불
至心歸命禮 水天佛

79. 지심귀명례 견덕불
至心歸命禮 堅德佛

80. 지심귀명례 전단공덕불
至心歸命禮 栴檀功德佛

81. 지심귀명례 무량국광불
至心歸命禮 無量掬光佛

82. 지심귀명례 광덕불
至心歸命禮 光德佛

83. 지심귀명례 무우덕불
至心歸命禮 無優德佛

84. 지심귀명례 나라연불
至心歸命禮 那羅延佛

85. 지심귀명례 공덕화불
至心歸命禮 功德華佛

86. 지심귀명례 연화광유희신통불
至心歸命禮 蓮華光遊戲神通佛

87. 지심귀명례 재공덕불
至心歸命禮 才功德佛

88. 지심귀명례 덕념불
至心歸命禮 德念佛

89. 지심귀명례 선명칭공덕불
至心歸命禮 善名稱功德佛

90. 지심귀명례 홍염제당왕불
至心歸命禮 紅焰帝幢王佛

91. 지심귀명례 선유보공덕불
至心歸命禮 善遊步功德佛

92. 지심귀명례 투전승불
至心歸命禮 鬪戰勝佛

93. 지심귀명례 선유보불
至心歸命禮 善遊步佛

94. 지심귀명례 주잡장엄공덕불
至心歸命禮 周匝莊嚴功德佛

95. 지심귀명례 보화유보불
至心歸命禮 寶華遊步佛

96. 지심귀명례 보련화선주
至心歸命禮 寶蓮華善住

사라수왕불
娑羅樹王佛

97. 지심귀명례 법계장신아미타불
至心歸命禮 法界藏身阿彌陀佛

98.

모든세계 이와같은 제불세존은
어느때나 중생들과 함께하시니
저희들을 이제다시 살펴주소서.
저희들의 지난날을 생각하오면
이생으로 저생으로 그먼생으로
시작없는 옛적부터 내려오면서

가지가지 지은죄가 한이없으니
제스스로 혼자서도 지었사오며
다른이를 시켜서도 짓게하오며
남이하는 나쁜짓을 좋아하였고
탑전이나 삼보도량 갖춘물건도
승물이나 사방승물 가릴것없이
제것인양 마음대로 갖기도하고
다른이를 시켜서도 훔치었으며
상주물건 훔치기를 좋아하였고
무간지옥 떨어지는 오역중죄도
제스스로 혼자서도 지었사옵고
다른이를 시켜서도 지었사오며
남이짓는 오역죄도 좋아하였고

삼악도에 떨어지는 십악중죄도
제스스로 혼자서도 지었사옵고
다른이를 시켜서도 지었사오며
남이짓는 십불선도 좋아했으니
이와같은 모든죄가 태산같으되
어떤것은 지금에도 생각에남고
어떤것은 아득하여 알수없으나
알든말든 지은죄에 오는과보는
지옥아귀 축생도나 다른악취나
변지하천 멀려차로 떨어지리니
제가이제 지성다해 부처님전에
이와같은 모든죄상 참회합니다.

99.

이자리를 함께하신 제불세존은
저희들의 모든일을 알고계시니
자비심을 베푸시어 살펴주소서.
제가다시 제불전에 아뢰옵니다.
저희들이 옛적부터 살아오면서
보시공덕 지었거나 계를가지되
축생에게 먹이한알 준일로부터
청정범행 닦고익힌 정행공덕과
중생들을 성취시킨 선근공덕도
무상보리 수행하는 수행공덕도
위없는   큰지혜의 모든공덕도
모든것을 함께모아 요량하여서

남김없이　보리도에　회향하옵되
시방삼세　상주하신　부처님께서
지으신바　온갖공덕　회향하듯이
저도또한　그와같이　회향합니다.

제가이제　모든죄상　참회하옵고
모든복덕　남김없이　수희하오며
부처님을　청하옵신　공덕으로써
무상지혜　이뤄지길　원하옵니다.
시방삼세　상주하신　부처님들은
시방세계　다함없는　중생들에게
가이없고　한량없는　공덕바다로
제가이제　목숨바쳐　절하옵니다.

100.

가이없는 시방세계 그가운데에
과거현재 미래세의 부처님들께
맑고맑은 몸과말과 뜻을기울여
빠짐없이 두루두루 예경하옵되
보현보살 행과원의 위신력으로
널리일체 부처님전 몸을나투고
한몸다시 찰진수효 몸을나투어
찰진수불 빠짐없이 예경합니다.

101.

일미진중 미진수효 부처님계셔
곳곳마다 많은보살 모이시었고
무진법계 미진에도 또한그같이

부처님이 충만하심 깊이믿으며
몸몸마다 한량없는 음성으로써
다함없는 묘한말씀 모두내어서
오는세상 일체겁이 다할때까지
부처님의 깊은공덕 찬탄합니다.

102.
아름답기 으뜸가는 여러꽃타래
좋은풍류 좋은향수 좋은일산들
이와같은 훌륭하온 장엄구로써
시방삼세 부처님께 공양하오며
으뜸가는 좋은의복 좋은향들과
가루향과 꽂는향과 등과촛불의
낱낱것을 수미산의 높이로모아

일체여래 빠짐없이 공양하오며
넓고크고 수승하온 이내슬기로
시방삼세 부처님을 깊이믿삽고
보현보살 행원력을 모두기울여
일체제불 빠짐없이 공양합니다.

103.
지난세상 제가지은 모든악업들
무시이래 탐심진심 어리석음이
몸과말과 뜻으로서 지었음이라
제가이제 남김없이 참회합니다.

104.
시방세계 여러종류 모든중생과
성문연각 유학무학 여러이승과

시방세계 부처님과 보살님들의
지니옵신 온갖공덕 기뻐합니다.

105.
시방세계 계시옵는 세간등불과
가장처음 보리도를 이루신님께
위없는　　묘한법문 설하옵기를
제가이제 지성다해 권청합니다.

106.
부처님이 열반에　　들려하시면
무량겁을 이세상에 계시오면서
일체중생 이락하게 살펴주시길
있는지성 기울여서 권청합니다.

107.

부처님을 예찬하고 공양한복덕
오래계셔 법문하심 청하온공덕
기뻐하고 참회하온 온갖선근을
중생들과 보리도에 회향합니다.

108.

원합노니 수승하온 이공덕으로
위없는 진법계에 회향하소서.
이치에도 현상에도 막힘이없고
불법이고 세간이고 걸림이없는
삼보님과 삼매인의 공덕바다를
제가이제 남김없이 회향하오니
모든중생 신구의로 지은업장들

잘못보고 트집잡고 비방도하고
나와법을 집착하여 내던망견들
모든업장 남김없이 소멸되어서
생각생각 큰지혜가 법계에퍼져
모든중생 빠짐없이 건져지이다.
허공계가 다하고   중생다하고
중생업이 다하고   번뇌다함은
넓고크고 가이없고 한량없으니
저희들의 회향도   이러지이다.

나무대행   보현보살
나무대행   보현보살
나무대행   보현보살 (반배)

시 식 편

- 관음시식
- 장엄염불
- 의상조사 법성게
- 광명진언
- 영가전에

눈에 보이는 것이나

보이지 않는 것이나

멀리 살고 있는 것이나

가까이 살고 있는 것이나

이미 태어난 것이나

앞으로 태어날 것이나

살아 있는 모든 것은 다 행복하라.

숫타니파타

관음시식
觀音施食

거 불
擧 佛

나무 극락도사 아미타불
南無 極樂導師 阿彌陀佛

나무 관음세지 양대보살
南無 觀音勢至 兩大菩薩

나무 접인망령 인로왕보살
南無 接引亡靈 引路王菩薩

청 혼
請 魂

거 사바세계 차사천하 남섬부주
據 娑婆世界 此四天下 南贍部洲

동양 대한민국 ○○○ ○○○
東洋 大韓民國

○○○ 청정수월도량 원아금차
淸淨水月道場 願我今此

지극정성 제당 ○○지신 천혼
至極精誠 第當　　　 之辰 薦魂

재자(주소)거주 행효자○○○,
齋者 住所 居住 行孝子

행효녀 ○○○등 복위
行孝女　　　 等 伏爲

소천 망 ○○○영가
所薦 亡　　 靈駕

사바세계 남섬부주 동양 대한민국(주소)
○○사 청정도량에서 오늘 ○○재일을
맞이하여 (주소) 거주(이름)등이 지극정성
으로 향단을 차려 선망(엄부·자모) ○○○
영가를 청하노라

영가위주 각 상서선망 사존부모
靈駕爲主 各 上逝先亡 師尊父母

다생사장 누대종친 제형숙백
多生師長 累代宗親 弟兄叔伯

자매질손 원근친척등 열위영가
姉妹姪孫 遠近親戚等 列位靈駕

차 도량내외 동상동하 유주무주
此 道場內外 洞上洞下 有主無主

일체애혼 제불자등 각열위영가
一切哀魂 諸佛子等 各列位靈駕

내지 겸급법계 사생칠취 삼도
乃至 兼級法界 四生七趣 三途

팔난 사은삼유 일체애혼 제불
八難 四恩三有 一切哀魂 諸佛

자등 각열위열명영가
子等 各列位列名靈駕

착 어
着語

영원담적 무고무금 묘체원명 하
靈源湛寂 無古無今 妙體圓明 何

생하사 변시 석가세존 마갈엄관
生何死 便是 釋迦世尊 摩竭掩關

지시절 달마대사 소림면벽지가
之時節 達磨大師 少林面壁之家

풍 소이 니련하측 곽시쌍부 총
風 所以 泥蓮河側 槨示雙趺 葱

령도중 수휴척리 제불자 환회득
嶺 途 中 手 携 隻 履 諸 佛 子 還 會 得

담적원명저 일구마 (조금있다가)
湛 寂 圓 明 底 一 句 麼

부앙은현현 시청명역력 약야회
俯 仰 隱 玄 玄 視 聽 明 歷 歷 若 也 會

득 돈증법신 영멸기허 기혹미연
得 頓 證 法 身 永 滅 飢 虛 其 或 未 然

승불신력 장법가지 부차향단 수
承 佛 神 力 仗 法 加 持 赴 此 香 壇 受

아묘공 증오무생
我 妙 供 證 悟 無 生

진령게
振 鈴 偈

이차진령신소청   종소리 떨치어서
以 此 振 鈴 伸 召 請   널리 청하니

명도귀계보문지   저승에서 여러 영가
冥 途 鬼 界 普 聞 知   들을지어다.

원승삼보력가지   바라건대 삼보님의
願 承 三 寶 力 加 持   위신력 입어

158 시식편

금일금시내부회 今日今時來赴會
금일금시 이 자리에
내림하시라.

상래소청 上來召請 ○○○**영가등 제불자** 靈駕等 諸佛子

등 각열위영가 等 各列位靈駕

착 어
着 語

자광조처연화출 慈光照處蓮花出
자비광명 비추는 곳
연꽃이 피고

혜안관시지옥공 慧眼觀時地獄空
지혜눈길 이르는 곳
지옥 없어라.

우황대비신주력 又況大悲神呪力
그 위에 대비신주
위력 떨치니

중생성불찰나중 衆生成佛刹那中
중생들이 찰나 중에
성불하도다.

천수일편위고혼 千手一篇爲孤魂
대다라니를 독송하여
영가 마음을 편안케 하리니

지심제청 지극한 마음으로
至心諦聽 경청하시고

지심제수 지극한 마음으로
至心諦受 받아지니소서.

신묘장구대다라니 (p.39쪽 참조)
神妙章句大陀羅尼

약인욕요지 만약 과거현재 미래 모든 세계의
若人欲了知

삼세일체불 일체 부처님을 알고자 한다면
三世一切佛

응관법계성 마땅히 법계성을 관할지니라.
應觀法界性

일체유심조 일체는 이 마음이 지었느니라.
一切唯心造

파지옥진언
破地獄眞言

『**옴 가라지야 사바하**』(세번)

해원결진언
解寃結眞言

『옴 삼다라 가닥 사바하』(세번)

보소청진언
普召請眞言

『나무 보보제리 가리다리 다타

아다야』(세번)

『나무 상주시방불
南無　常住十方佛

나무 상주시방법
南無　常住十方法

나무 상주시방승』(세번)
南無　常住十方僧

『나무 대자대비 구고구난
南無　大慈大悲　救苦救難

관세음보살』(세번)
觀世音菩薩

『나무 대방광불화엄경』(세번)
南無　大方廣佛華嚴經

고혼청
孤魂請

일심봉청 실상이명 법신무적 종
一心奉請　實相離名　法身無跡　從

연은현 약경상지유무 수업승침
緣隱現　若鏡像之有無　隨業昇沈

여정륜지고하 묘변막측 환래하
如井輪之高下　妙變莫測　幻來何

란 금차 지성 제당 ○○지신 천
難　今此　至誠　第堂　　之辰　薦

혼재자 (주소)거주
魂齋者　（住所）居住

행효자 ○○○ 행효녀 ○○○등 복위
行孝子　　　　行孝女　　　　等伏爲

소천 망 ○○○영가
所薦亡　　　　靈駕

승불위광 내예향단 수첨법공
承佛威光　來詣香壇　受霑法供

향연청 (세번)
香 煙 請

제령한진치신망
諸 靈 限 盡 致 身 亡

세상 인연 다하여서
죽음 이르니

석화광음몽일장
石 火 光 陰 夢 一 場

번개같은 인생이라
한 판 꿈이라.

삼혼묘묘귀하처
三 魂 杳 杳 歸 何 處

아득해라 삼혼이여
어디로 가고

칠백망망거원향
七 魄 茫 茫 去 遠 鄕

칠백이여 고향 떠나
망망하여라.

상래소청 제불자등 각열위영가
上 來 召 請　諸 佛 子 等　各 列 位 靈 駕

수위안좌진언
受 位 安 座 眞 言

『옴 마니 군다니 훔훔 사바하』(세번)

백초림중일미신
百 草 林 中 一 味 新

향기로운 백초림
신선한 맛을

조주상권기천인
趙 州 常 勸 幾 千 人

조주스님 몇 천 번을
권하였던가.

팽장석정강심수
烹 將 石 鼎 江 心 水

돌솥에 강심수 고이 달여서
영가들 앞앞마다 드리옵나니

원사망령헐고륜
願 使 亡 靈 歇 苦 輪

망령이여 드시고서
안락하시라.

원사고혼헐고륜
願 使 孤 魂 歇 苦 輪

고혼이여 드시고서
안락하시라.

원사제령헐고륜
願 使 諸 靈 歇 苦 輪

제령이여 드시고서
안락하시라.

선밀가지
宣 密 加 持

내 이제 비밀한 말
베푸옵나니

신전윤택
身 田 潤 澤

부처님의 미묘법문
위신력 받아

업화청량
業 火 淸 凉

몸과 마음 윤택하고
모든 업 쉬어

각구해탈
各 求 解 脫

모든 고통 벗어나서
해탈하소서.

변식진언
變 食 眞 言

『나막 살바 다타아다 바로기제 옴
삼바라 삼바라 훔』(세번)

시감로수진언
施甘露水眞言

『나무 소로바야 다타아다야
다냐타 옴 소로소로 바라소로
바라소로 사바하』(세번)

일자수륜관진언
一字水輪觀眞言

『옴 밤 밤 밤밤』(세번)

유해진언
乳海眞言

『나무 사만다 못다남 옴 밤』(세번)

칭양성호
稱揚聖號

나무 다보여래 원제고혼
南無 多寶如來 願諸孤魂

파제간탐 법재구족
破除慳貪 法財具足

나무 묘색신여래 원제고혼
南無 妙色身如來 願諸孤魂

이추루형 상호원만
離醜陋形 相好圓滿

나무 광박신여래 원제고혼
南無 廣博身如來 願諸孤魂

사륙범신 오허공신
捨六凡身 悟虛空身

나무 이포외여래 원제고혼
南無 離怖畏如來 願諸孤魂

이제포외 득열반락
離諸怖畏 得涅槃樂

나무 감로왕여래 원아각각
南無 甘露王如來 願我各各

열명영가 인후개통
列名靈駕 咽喉開通

획감로미
獲甘露味

원차가지식　　바라건대 법다운
願此加持食　　이 공양이여

166 시식편

보변만시방 시방세계 두루두루
普遍滿十方 넘칠지어라.

식자제기갈 먹는 자는 기갈을
食者除飢渴 길이 여의고

득생안양국 아미타불 극락세계
得生安養國 태어날지라.

시귀식진언
施鬼食眞言

『옴 미기미기 야야미기 사바하』(세번)

시무차법식진언
施無遮法食眞言

『옴 목역능 사바하』(세번)

보공양진언
普供養眞言

『옴 아아나 삼바바 바아라 훔』(세번)

보회향진언
普 回 向 眞 言

『옴 삼마라 삼마라 미만나 사라
마하 자거라 바 훔』(세번)

수아차법식 受 我 此 法 食	내가 드린 공양을 이미 받으니
하이아난찬 何 異 阿 難 饌	이 어찌 아난찬과 다름있으리.
기장함포만 飢 腸 咸 飽 滿	주린 배는 만족하여 다 배부르고
업화돈청량 業 火 頓 淸 凉	업의 불길 모두 꺼져 시원해지며
돈사탐진치 頓 捨 貪 瞋 癡	탐진치 삼독심을 모두 버리고
상귀불법승 常 歸 佛 法 僧	어느때나 삼보님께 귀의케 되니
염념보리심 念 念 菩 提 心	생각생각 이는 보리심이요,

처처안락국 곳곳마다 있는 곳이
處 處 安 樂 國 안락국이라.

범소유상 형상이 있든 없든
凡 所 有 相 이 세간사는

개시허망 그 모두가 실이 없어
皆 是 虛 妄 허망하니라.

약견제상비상 만약에 모든 상이
若 見 諸 相 非 相 상 아님을 알게 되면

즉견여래 그 즉시 여래를 보리라.
卽 見 如 來

여래 응공 정변지 명행족 선서
如 來 應 供 正 遍 知 明 行 足 善 逝

세간해 무상사 조어장부 천인
世 間 解 無 上 士 調 御 丈 夫 天 人

사 불 세존
師 佛 世 尊

제법종본래 모든 법은 본래로 좇아오면서
諸 法 從 本 來

상자적멸상 어느 때나 스스로 적멸상이니
常 自 寂 滅 相

불자행도이 불자가 진실한 길 모두 행하면
佛 子 行 道 已

내세득작불 오는 세상 기어이 성불하리라.
來 世 得 作 佛

제행무상 이 세상 모든 것은 무상하나니
諸 行 無 相

시생멸법 그 모두는 생멸하는 현상이로다.
是 生 滅 法

생멸멸이 생하고 멸함이 다해 마치면
生 滅 滅 已

적멸위락 적멸의 즐거움이 드러나느니.
寂 滅 爲 樂

170 시식편

장엄염불
莊 嚴 念 佛

원아진생무별념 원하노니 일생토록
願 我 盡 生 無 別 念 일심으로

아미타불독상수 아미타불 그모습만
阿 彌 陀 佛 獨 相 隨 따르리다.

심심상계옥호광 마음마다 옥호광에
心 心 常 係 玉 毫 光 매어두며

염념불리금색상 생각마다 금색상을
念 念 不 離 金 色 相 떠나잖고

아집염주법계관 염주잡아 법계관을
我 執 念 珠 法 界 觀 하여보니

허공위승무불관 온세상의 어느곳도
虛 空 爲 繩 無 不 貫 막힘없네.

평등사나무하처 시방국토 곳곳마다
平 等 舍 那 無 何 處 부처님뵈니

관구서방아미타 안락정토 극락세계
觀 求 西 方 阿 彌 陀 구하옵니다.

나무서방대교주 무량수여래불
南 無 西 方 大 教 主　 無 量 壽 如 來 佛

"나무아미타불" (열번 이상)
南 無 阿 彌 陀 佛

극락세계 십종장엄 (극락세계 열 가지 장엄)
極 樂 世 界 十 種 莊 嚴

법장서원수인장엄　　법장비구 원을세워
法 藏 誓 願 修 因 莊 嚴　　인행닦아 장엄하고

사십팔원원력장엄　　마흔여덟 원력으로
四 十 八 願 願 力 莊 嚴　　정성다해 장엄하고

미타명호수광장엄　　아미타불 명호로써
彌 陀 名 號 壽 光 莊 嚴　　무량수명 장엄하고

삼대사관보상장엄　　세분스승 큰성인의
三 大 士 觀 寶 像 莊 嚴　　보배상호 장엄하고

미타국토안락장엄　　아미타불 그 국토를
彌 陀 國 土 安 樂 莊 嚴　　안락으로 장엄하고

보하청정덕수장엄　　보배강물 청정하여
寶 河 淸 淨 德 水 莊 嚴　　공덕수로 장엄하고

보전여의누각장엄　　여의주와 보배들로
寶 殿 如 意 樓 閣 莊 嚴　　누각궁전 장엄하고

주야장원시분장엄 낮과밤의 시간들을
晝 夜 長 遠 時 分 莊 嚴 길게늘려 장엄하고

이십사락정토장엄 스물네개 즐거움이
二 十 四 樂 淨 土 莊 嚴 극락정토 장엄하고

삼십종익공덕장엄 서른가지 중생이익
三 十 種 益 功 德 莊 嚴 공덕세계 장엄했네.

미타인행사십팔원 (아미타 부처님이 보살 인행
彌 陀 因 行 四 十 八 願 때에 닦은 마흔여덟 가지 원)

악취무명원 극락정토에는 악한세계
惡 趣 無 名 願 없기가 원이오며

무타악도원 극락에 왕생하는 이는 악도에
無 墮 惡 道 願 떨어지지 않기가 원이오며

동진금색원 극락에 왕생하는 이는
同 眞 金 色 願 금색 몸빛 이루기가 원이오며

형모무차원 극락에 왕생하는 이는 모습이
形 貌 無 差 願 같기가 원이오며

성취숙명원 극락에 왕생하는 이는 숙명통
成 就 宿 命 願 성취하기가 원이오며

생획천안원
生 獲 天 眼 願

극락에 왕생하는 이는 천안통
얻기가 원이오며

생획천이원
生 獲 天 耳 願

극락에 왕생하는 이는 천이통
얻기가 원이오며

실지심행원
悉 知 心 行 願

극락에 왕생하는 이는 타심통
얻기가 원이오며

신족초월원
神 足 超 越 願

극락에 왕생하는 이는
신족통 얻기가 원이오며

정무아상원
淨 無 我 想 願

극락에 왕생하는 이는 나라는
생각 없기가 원이오며

결정정각원
決 定 正 覺 願

극락에 왕생하는 이는
정각 이루기가 원이오며

광명보조원
光 明 普 照 願

극락에 왕생하는 이는
광명 한량없기 원이오며

수량무궁원
壽 量 無 窮 願

극락에 왕생하는 이는
수명 한량없기 원이오며

성문무수원
聲 聞 無 數 願

극락국토에는 성문이
많기가 원이오며

중생장수원
衆 生 長 壽 願

극락에 왕생하는 이는
중생마다 장수하기 원이오며

개획선명원 皆 獲 善 名 願	극락에 왕생하는 이는 착한이름 얻기가 원이오며
제불칭찬원 諸 佛 稱 讚 願	극락에 왕생하는 이는 부처님이 칭찬하기 원이오며
십념왕생원 十 念 往 生 願	열번 염불로 왕생하기 원이오며
임종현전원 臨 終 現 前 願	임종할 때 아미타불 나타나시기 원이오며
회향개생원 回 向 皆 生 願	염불하는 모든 중생 극락세계에 왕생하기 원이오며
구족묘상원 具 足 妙 相 願	극락에 왕생하는 이는 묘한 상을 구족하기 원이오며
함계보처원 咸 階 補 處 願	극락에 왕생하는 이는 일생 보처에 오르기가 원이오며
신공타방원 晨 供 他 方 願	새벽마다 시방 부처님께 공양 올리기가 원이오며
소수만족원 所 須 滿 足 願	극락에 왕생하는 이는 모든 것 만족하기 원이오며
선입본지원 善 入 本 智 願	극락에 왕생하는 이는 근본 지혜 얻기가 원이오며

나라연력원
那 羅 延 力 願

극락에 왕생하는 이는 부서지지
않는 몸 얻기가 원이오며

장엄무량원
莊 嚴 無 量 願

극락국토에는 장엄이
한량 없기 원이오며

보수실지원
寶 樹 悉 知 願

극락에 왕생하는 이는 보배나무
보고 깨닫기가 원이오며

획승변재원
獲 勝 辯 才 願

극락에 왕생하는 이는 훌륭한
변재를 갖추기가 원이오며

대변무변원
大 辯 無 邊 願

극락에 왕생하는 이는 거룩한
설법 한량없기 원이오며

국정보조원
國 淨 普 照 願

국토가 청정하여 두루
비치기가 원이오며

무량승음원
無 量 勝 音 願

극락에 왕생하는 이는 거룩한
음성 두루하기 원이오며

몽광안락원
蒙 光 安 樂 願

극락에 왕생하는 이는 광명을
받아 안락을 얻기가 원이오며

성취총지원
成 就 總 持 願

극락에 왕생하는 이는 생멸없는
진리 성취하기 원이오며

영리여신원
永 離 女 身 願

극락에 왕생하는 이는 여자의
몸받지 않기가 원이오며

문명지과원 모두 다 미타불 이름 듣고
聞 名 至 果 願 성인의 과보를 얻기가 원이오며

천인경례원 하늘과 사람들이 모두 와서
天 人 敬 禮 願 공경하고 예배하기 원이오며

수의수념원 극락에 왕생하는 이는 저절로
須 衣 隨 念 願 의복이 얻어지기 원이오며

자생심정원 극락에 왕생하는 이는 저절로
自 生 心 淨 願 마음이 조촐하기 원이오며

수현불찰원 극락에 왕생하는 이는 보배나무
樹 現 佛 刹 願 보고 무량불토 보기가 원이오며

무제근결원 극락에 왕생하는 이는 육근이
無 諸 根 缺 願 구족하기 원이오며

현증등지원 극락에 왕생하는 이는
現 證 等 持 願 해탈얻기 원이오며

문생호귀원 극락에 왕생하는 이는 훌륭하고
聞 生 豪 貴 願 귀한 몸 받기가 원이오며

구족선근원 극락에 왕생하는 이는 모두 다
具 足 善 根 願 좋은 마음씨 구족하기 원이오며

공불견고원 극락에 왕생하는 이는 모두 다
供 佛 堅 固 願 부처님 지성으로 받들기가 원이오며

욕문자문원
欲 聞 自 聞 願
극락에 왕생하는 이는 모두 다
마음대로 법문듣기 원이오며

보리무퇴원
菩 提 無 退 願
극락에 왕생하는 이는 모두 다
보리에서 물러서지 않기가 원이오며

현획인지원
現 獲 忍 地 願
극락에 왕생하는 이는 생사
없는 진리 얻어지이다.

제불보살십종대은 (모든 불보살의 열 가지 큰 은혜)
諸 佛 菩 薩 十 種 大 恩

발심보피은
發 心 普 被 恩
중생위해 발심하신
끝도없는 넓은은혜

난행고행은
難 行 苦 行 恩
어려운일 고달픈행
한결같이 닦은은혜

일향위타은
一 向 爲 他 恩
언제든지 남을위해
애쓰시고 도운은혜

수형육도은
隨 形 六 途 恩
온갖형상 나투시어
육도중에 나툰 은혜

수축중생은
隨 逐 衆 生 恩
중생들의 근기따라
구원하려 애쓴은혜

대비심중은 한량없는 대비심이
大悲深重恩 깊고또한 중한은혜

은승창열은 중생들을 섭수하려
隱勝彰劣恩 수승함을 숨긴은혜

위실시권은 참된진리 펴시려고
爲實示權恩 방편교를 쓰신은혜

시멸생선은 착한마음 내게하려
示滅生善恩 열반모습 보인은혜

비념무진은 자비심이 다함없어
悲念無盡恩 한량없이 내신은혜

보현보살십종대원 (보현 보살님의
普賢菩薩十種大願 열 가지의 큰 소원)

예경제불원 시방세계 부처님께
禮敬諸佛願 예경하기 원하오며

칭찬여래원 시방세계 모든여래
稱讚如來願 칭찬하기 원하오며

광수공양원 시방모든 부처님께
廣修供養願 공양하기 원하오며

참제업장원	참회하기 모든업장
懺 除 業 障 願	소멸되기 원하오며
수희공덕원	다른이의 지은공덕
隨 喜 功 德 願	기뻐하기 원하오며
청전법륜원	부처님께 법문하심
請 轉 法 輪 願	간청하기 원하오며
청불주세원	부처님이 항상계셔
請 佛 住 世 願	주시옵기 원하오며
상수불학원	부처님을 항상따라
常 隨 佛 學 願	공부하기 원하오며
항순중생원	중생들의 근기따라
恒 順 衆 生 願	수순하기 원하오며
보개회향원	지은공덕 중생에게
普 皆 廻 向 願	회향하기 원합니다.

석가여래팔상성도 (석가모니 부처님의 여덟가지 역사적 전기)
釋 迦 如 來 八 相 成 道

| 도솔내의상 | 도솔천서 백상타고 |
| 兜 率 來 儀 相 | 인간모태 드신모습 |

비람강생상 룸비니의 동산에서
毘 藍 降 生 相 사자후의 탄생모습

사문유관상 사대문을 둘러보고
四 門 遊 觀 相 삶의무상 아신모습

유성출가상 한밤중에 성을넘어
踰 城 出 家 相 비장하신 출가모습

설산수도상 설산에서 육년고행
雪 山 修 道 相 도를닦는 수행모습

수하항마상 보리수하 마군중을
樹 下 降 魔 相 항복받는 성도모습

녹원전법상 녹야원에서 법을처음
鹿 苑 轉 法 相 전하시는 전도모습

쌍림열반상 사라쌍수 아래에서
雙 林 涅 槃 相 세상뜨신 열반모습

다생부모십종대은 (부모님의 열 가지 큰 은혜)
多 生 父 母 十 種 大 恩

회탐수호은 뱃속에 품어 보호해
懷 耽 守 護 恩 주신 은혜

임산수고은
臨 産 受 苦 恩

낳을때 괴로움을
참으신 은혜

생자망우은
生 子 忘 憂 恩

낳고 나면 근심 잊고
안심하신 은혜

인고토감은
咽 苦 吐 甘 恩

쓴것은 삼키고 단것을
내어 먹여주신 은혜

회건취습은
廻 乾 就 濕 恩

마른자리 아기뉘고
젖은데로 가신은혜

유포양육은
乳 哺 養 育 恩

젖과밥과 약으로써
양육하여 주신은혜

세탁부정은
洗 濯 不 淨 恩

더러운것 싫다않고
갈아주신 씻긴은혜

원행억념은
遠 行 憶 念 恩

먼길갔다 올때까지
걱정하며 애쓴은혜

위조악업은
爲 造 惡 業 恩

자식위해 몹쓸짓도
마다않고 행한은혜

구경연민은
究 竟 憐 愍 恩

어른되어 장성해도
가없어 하신 은혜

오종대은명심불망 (다섯 가지 큰 은혜)
五 種 大 恩 銘 心 不 忘

각안기소국왕지은
各 安 其 所 國 王 之 恩
각처에서 편안하게
살게해준 나라은혜

생양구로부모지은
生 養 劬 勞 父 母 之 恩
낳아주고 길러주신
하늘같은 부모은혜

유통정법사장지은
流 通 正 法 師 長 之 恩
바른진리 일러주고
깨쳐주신 스승은혜

사사공양단월지은
四 事 供 養 檀 越 之 恩
의식주와 양약공양
베풀어준 시주은혜

탁마상성붕우지은
琢 磨 相 成 朋 友 之 恩
함께닦고 부딪히며
성장시킨 친구은혜

당가위보유차염불
當 可 爲 報 唯 此 念 佛
이은혜를 갚기위해
지극정성 염불하리

고성염불십종공덕 (높은 소리로 염불하는 열 가지 공덕)
高 聲 念 佛 十 種 功 德

일자공덕능배수면
一 者 功 德 能 排 睡 眠
밀려오는 졸음쫓아
정신맑힌 일자공덕

이자공덕천마경포
二 者 功 德 天 魔 驚 怖
마군중이 깜짝놀라
도망가는 이자공덕

삼자공덕성변시방
三 者 功 德 聲 遍 十 方

염불소리 시방가득
장엄하는 삼자공덕

사자공덕삼도식고
四 者 功 德 三 途 息 苦

지옥아귀 축생들이
고통쉬는 사자공덕

오자공덕외성불입
五 者 功 德 外 聲 不 入

바깥경계 온갖소리
장애없는 오자공덕

육자공덕염심불산
六 者 功 德 念 心 不 散

염불하는 그마음이
산란없는 육자공덕

칠자공덕용맹정진
七 者 功 德 勇 猛 精 進

용맹스런 대정진이
이뤄지는 칠자공덕

팔자공덕제불환희
八 者 功 德 諸 佛 歡 喜

시방세계 부처님들
기뻐하는 팔자공덕

구자공덕삼매현전
九 者 功 德 三 昧 現 前

염불삼매 뚜렷하게
나타나는 구자공덕

십자공덕왕생정토
十 者 功 德 往 生 淨 土

마침내는 극락정토
왕생하는 십자공덕

청산첩첩미타굴
靑 山 疊 疊 彌 陀 窟

겹겹으로 푸른산은
아미타불 법당이요

창해망망적멸궁
蒼 海 茫 茫 寂 滅 宮

아득하게 넓은바다
적멸보궁 도량이라

물물염래무가애
物 物 拈 來 無 罣 碍

세상사의 모든것은
마음따라 자재한데

기간송정학두홍
幾 看 松 亭 鶴 頭 紅

소나무위 단정학을
몇번이나 보았는가

극락당전만월용
極 樂 堂 前 滿 月 容

극락세계 저보궁의
만월같은 아미타불

옥호금색조허공
玉 毫 金 色 照 虛 空

금빛의몸 백호광명
온누리를 비추시네

약인일념칭명호
若 人 一 念 稱 名 號

누구든지 아미타불
일념으로 부르오면

경각원성무량공
頃 刻 圓 成 無 量 功

찰나간에 무량공덕
뚜렷하게 이루리라

삼계유여급정륜
三 界 猶 如 汲 井 輪

삼계윤회 돌고돌음
두레박과 꼭같아서

백천만겁역미진
百 千 萬 劫 歷 微 塵

백천만겁 지내오길
티끌처럼 많이했네

차신불향금생도
此 身 不 向 今 生 度

이번생을 의지해서
깨달음을 못얻으면

갱대하생도차신
更 待 何 生 度 此 身

어느생에 다시나서
이몸뚱이 제도하리

천상천하무여불
天 上 天 下 無 如 佛

천상천하 어느누가
부처님과 견주리오

시방세계역무비
十 方 世 界 亦 無 比

시방세계 둘러봐도
비길자가 전혀없고

세간소유아진견
世 間 所 有 我 盡 見

이세상의 모든것을
남김없이 살펴봐도

일체무유여불자
一 切 無 有 如 佛 者

부처님을 따를자가
천지간에 하나없네

찰진심념가수지
刹 塵 心 念 可 數 知

시방세계 모든먼지
몇개인가 헤아리고

대해중수가음진
大 海 衆 殊 可 飮 盡

큰바다의 많은물결
남김없이 들이키며

허공가량풍가계
虛 空 可 量 風 可 繫

저허공의 크기재고
바람묶는 재주라도

무능진설불공덕
無 能 盡 說 佛 功 德

부처님의 크신공덕
다말하지 못한다네

가사정대경진겁
假 使 頂 戴 經 塵 劫

머리위에 부처이고
몇천겁을 지나가도

신위상좌변삼천
身 爲 床 座 遍 三 千

이몸으로 탁상되어
삼천세계 꽉채워도

186 시식편

약불전법도중생
若 不 傳 法 度 衆 生

불법말씀 전하여서
중생제도 않는다면

필경무능보은자
畢 竟 無 能 報 恩 者

마침내 부처님의 은혜를
갚지 못하는 것이로다

아차보현수승행
我 此 普 賢 殊 勝 行

내가이제 보현보살
수승하신 행을닦아

무변승복개회향
無 邊 勝 福 皆 廻 向

가이없는 거룩한복
모두에게 회향하며

보원침익제중생
普 願 沈 溺 諸 衆 生

고해속에 허덕이는
모든중생 건져내고

속왕무량광불찰
速 往 無 量 光 佛 刹

하루속히 극락정토
왕생하기 원입니다

아미타불재하방
阿 彌 陀 佛 在 何 方

아미타불 부처님은
어느곳에 계시는가

착득심두절막망
着 得 心 頭 切 莫 忘

마음속에 깊이새겨
한시라도 잊지말자

염도념궁무념처
念 到 念 窮 無 念 處

생각하고 생각다해
무념처에 이르르면

육문상방자금광
六 門 常 放 紫 金 光

어느때나 온몸에서
자색금빛 빛나리라

보화비진요망연 報化非眞了妄緣
보신화신 참아니라
망연인줄 알고보면

법신청정광무변 法身淸淨廣無邊
법신만이 청정하여
크고넓기 그지없네

천강유수천강월 千江有水千江月
일천개의 강물에는
일천개의 달비치고

만리무운만리천 萬里無雲萬里天
일만리에 구름없어
온하늘이 푸르러라

원공법계제중생 願共法界諸衆生
원하노니 시방법계
한량없는 모든중생

동입미타대원해 同入彌陀大願海
아미타불 원력바다
모두함께 들어가서

진미래제도중생 盡未來際度衆生
미래세가 다하도록
중생구제 함께하고

자타일시성불도 自他一時成佛道
모든중생 너나없이
무상불도 이뤄보세

나무서방정토 극락세계 삼십육
南無西方淨土 極樂世界 三十六

만억 일십일만 구천오백 동명
萬億 一十一萬 九千五百 同名

동호 대자대비 아미타불
同號 大慈 大悲 阿彌陀佛

나무서방정토 극락세계 불신장광
南無西方淨土 極樂世界 佛身長廣

상호무변 금색광명 변조법계
相好無邊 金色光明 遍照法界

사십팔원 도탈중생 불가설 불가
四十八願 度脫衆生 不可說 不可

설전 불가설 항하사 불찰미진수
說轉 不可說 恒河沙 佛刹微塵數

도마죽위 무한극수 삼백육십만억
稻麻竹葦 無限極數 三百六十萬億

일십일만 구천오백 동명동호
一十一萬 九千五百 同名同號

대자대비 아등도사 금색여래
大慈大悲 我等導師 金色如來

아미타불
阿彌陀佛

나무문수보살 나무보현보살
南無文殊菩薩 南無普賢菩薩

나무관세음보살 나무대세지보살
南無觀世音菩薩 南無大勢至菩薩

나무금강장보살 나무제장애보살
南無金剛藏菩薩 南無除障碍菩薩

나무미륵보살 나무지장보살
南無彌勒菩薩 南無地藏菩薩

나무일체청정대해중보살마하살
南無一切淸淨大海衆菩薩摩訶薩

원공법계제중생 동입미타대원해
願共法界諸衆生 同入彌陀大願海

시방삼세불 아미타제일 구품도중생
十方三世佛 阿彌陀第一 九品度衆生

위덕무궁극 아금대귀의 참회삼업죄
威德無窮極 我今大歸依 懺悔三業罪

범유제복선 지심용회향 원동염불인
凡有諸福善 至心用回向 願同念佛人

진생극락국 견불요생사 여불도일체
盡生極樂國 見佛了生死 如佛度一切

원아임욕명종시　　원하오니 이내목숨
願我臨欲命終時　　마칠때에는

진제일체제장애 盡除一切諸障碍 모든장애 깨끗하게 소멸되어서

면견피불아미타 面見彼佛阿彌陀 아미타불 부처님을 뵐수있도록

즉득왕생안락찰 卽得往生安樂刹 극락세계 왕생하길 바라옵니다.

원이차공덕 願以此功德 원하건대 이공덕이

보급어일체 普及於一切 온누리에 널리퍼져

아등여중생 我等與衆生 나와모든 중생들이

당생극락국 當生極樂國 극락국에 태어나고

동견무량수 同見無量壽 무량수불 함께뵙고

개공성불도 皆空成佛道 모두성불 하여지이다.

• 위패를 영단에 봉안할 경우엔 여기에서 마친다.

봉 송
奉 送

봉송고혼계유정
奉 送 孤 魂 洎 有 情

고혼이여 망령이여
영가들이여

지옥아귀급방생
地 獄 餓 鬼 及 傍 生

삼도의 유정이여
잘들가시라.

아어타일건도량
我 於 他 日 建 道 場

다른날에 다시 또한
청하오리니

불위본서환래부
不 違 本 誓 還 來 赴

본래서원 잊지말고
다시오시라.

상래소청 제불자등 각열위열명
上 來 召 請　諸 佛 子 等　各 列 位 列 名

영가 기수향공 이청법음 금당
靈 駕　既 受 香 供　已 聽 法 音　今 當

봉송 갱의건성 봉사삼보
奉 送　更 宜 虔 成　奉 謝 三 寶

보례시방 상주불
普 禮 十 方　常 住 佛

보례시방 상주법
普 禮 十 方　常 住 法

보례시방 상주승
普禮十方常住僧

행보게
行步偈

이행천리만허공
移行千里滿虛空

떠나가는 천리길이
허공끝에 닿을재

귀도정망도정방
歸途情忘到淨邦

가시다가 망념버리면
그대로가 정토일세.

삼업투성삼보례
三業投誠三寶禮

신구의를 기울여서
삼보님께 예배하고

성범동회법왕궁
聖凡同會法王宮

범부성인 다함께
법왕궁에서 만나리.

산화락 (세번)
散花落

나무 대성인로왕보살 (세번)
南無 大聖引路王菩薩

• 여기서 법성게를 외우며 소대로 간다

의상조사 법성게
義 湘 祖 師 法 性 偈

법성원융무이상
法 性 圓 融 無 二 相

법의 성품이 둥글어서
두 가지 상이 없고

제법부동본래적
諸 法 不 動 本 來 寂

모든 법이 움직이지 아니
하고 본래부터 고요해서

무명무상절일체
無 名 無 相 絶 一 切

이름도 없고 상도 없어서
모든 것이 끊어졌으니

증지소지비여경
證 智 所 知 非 餘 境

견성한 이의 알 바요 다른
사람의 경계는 아니니라

진성심심극미묘
眞 性 甚 深 極 微 妙

참 성품이 매우 깊고
극히 미묘하여

불수자성수연성
不 守 自 性 隨 緣 成

자성을 지키지 아니하고
인연을 따라서 이루나니

일중일체다중일
一 中 一 切 多 中 一

하나가운데모든것이있고
많은 가운데 하나 뿐이오

일즉일체다즉일
一 即 一 切 多 即 一

하나가 곧 전체이고
전체가 곧 하나이다

일미진중함시방 一微塵中含十方
한 개 티끌 가운데 시방 세계를 머금었고

일체진중역여시 一切塵中亦如是
낱낱 티끌 가운데도 또한 이와 같으며

무량원겁즉일념 無量遠劫卽一念
한량없는 오랜 겁이 곧 한 생각이요

일념즉시무량겁 一念卽是無量劫
나의 한 생각이 곧 무량한 긴 겁이니

구세십세호상즉 九世十世互相卽
구세와 십세가 서로서로 섞이되

잉불잡란격별성 仍不雜亂隔別成
완연히 섞이지 아니하고 각각 따로따로 이루어지나니

초발심시변정각 初發心時便正覺
처음 마음을 발할 때가 문득 바로 깨달음이라

생사열반상공화 生死涅槃相共和
살고 죽는것과 열반의 경계가 항상 한가지로 섞여 있으며

이사명연무분별 理事冥然無分別
이치와 현상이 망연하여 분별함이 없나니

십불보현대인경 十佛普賢大人境
비로자나 보현보살이 부사의 경계로세

능인해인삼매중　　부처님 해인삼매
能 仁 海 印 三 昧 中　　그 속에 나툼이여

번출여의부사의　　쏟아진 여의보배 그 속이
繁 出 如 意 不 思 議　　부사의하여

우보익생만허공　　보배비가 중생을 이익케
雨 寶 益 生 滿 虛 空　　하되 허공에 꽉 찼으니

중생수기득이익　　중생의 그릇을 따라
衆 生 隨 器 得 利 益　　이익함을 얻나니라

시고행자환본제　　이러한 이유로 수행하는
是 故 行 者 還 本 際　　자가 근본으로 돌아가려면

파식망상필부득　　망상을 잊지 아니하고는
叵 息 妄 想 必 不 得　　얻을 수 없나니라

무연선교착여의　　고요한 방편으로
無 緣 善 巧 捉 如 意　　그 뜻을 살펴서

귀가수분득자량　　집에 돌아갈 때 분수를
歸 家 隨 分 得 資 糧　　따라서 진리방편을 얻나니

이다라니무진보　　끝없이 쓰고 쓰는
以 陀 羅 尼 無 盡 寶　　다라니 무진보로

장엄법계실보전　　불국토 법왕궁을
莊 嚴 法 界 實 寶 殿　　한바탕 꾸미고서

窮坐實際中道床
궁좌실제중도상
중도의 해탈좌에
앉으면 깨달으리

舊來不動名爲佛
구래부동명위불
옛부터 그랬었네
부동이 부처였네

광명진언

『옴 아모카 바이로차나 마하
무드라 마니 파드마 즈바라
프라바릍타야 훔』

십악 오역의 중죄를 지은 사람이 두 서너 번 듣
기만 하여도 모든 죄업이 다 소멸하나니라. 십
악 오역의 모든 죄를 많이 지어 그 죄가 온 세계
에 가득차서 죽어 지옥에 떨어진 사람이라도 깨
끗한 모래에 이 진언을 백팔 번 새겨서 그 모래
를 그 사람의 시체나 무덤 위에 뿌려주면 모든
죄가 다 소멸되어 곧 극락세계에 가서 나리라.

영 가 전 에

영가시여　　저희들이　　일심으로
염불하니　　무명업장　　소멸하고
반야지혜　　드러내어　　생사고해
벗어나서　　해탈열반　　성취하사
극락왕생　　하옵시고　　모두성불
하옵소서　　사대육신　　허망하여
결국에는　　사라지니　　이육신에
집착말고　　참된도리　　깨달으면
모든고통　　벗어나고　　부처님을
친견하리　　살아생전　　애착하던
사대육신　　무엇인고　　한순간에
숨거두니　　주인없는　　목석일세

인연따라 모인것은 인연따라
흩어지니 태어남도 인연이요
돌아감도 인연인걸 그무엇을
애착하고 그무엇을 슬퍼하랴
몸뚱이를 가진자는 그림자가
따르듯이 일생동안 살다보면
죄없다고 말못하리 죄의실체
본래없어 마음따라 생기나니
마음씀이 없어질때 죄업역시
사라지네 죄란생각 없어지고
마음또한 텅비워서 무념처에
도달하면 참회했다 말하리라
한마음이 청정하면 온세계가
청정하니 모든업장 참회하여

청정으로　돌아가면　영가님이
가시는길　광명으로　가득하리
가시는길　천리만리　극락정토
어디인가　번뇌망상　없어진곳
그자리가　극락이니　삼독심을
버리고서　부처님께　귀의하면
무명업장　벗어나서　극락세계
왕생하리　제행은　　무상이요
생자는　　필멸이라　태어났다
죽는것은　모든생명　이치이니
임금으로　태어나서　온천하를
호령해도　결국에는　죽는것을
영가님은　모르는가　영가시여
어디에서　이세상에　오셨다가

가신다니　가시는곳　어디인줄
아시는가　태어났다　죽는것은
중생계의　흐름이라　이곳에서
가시면은　저세상에　태어나니
오는듯이　가시옵고　가는듯이
오신다면　이육신의　마지막을
걱정할것　없잖은가　일가친척
많이있고　부귀영화　높았어도
죽는길엔　누구하나　힘이되지
못한다네　맺고쌓은　모든감정
가시는길　짐되오니　염불하는
인연으로　남김없이　놓으소서
미웠던일　용서하고　탐욕심을
버려야만　청정하신　마음으로

불국정토　가시리라　삿된마음
멀리하고　미혹함을　벗어나야
반야지혜　이루시고　왕생극락
하오리다　본마음은　고요하여
옛과지금　없다하니　태어남은
무엇이고　돌아감은　무엇인가
부처님이　관밖으로　양쪽발을
보이셨고　달마대사　총령으로
짚신한짝　갖고갔네　이와같은
높은도리　영가님이　깨달으면
생과사를　넘었거늘　그무엇을
슬퍼하랴　뜬구름이　모였다가
흩어짐이　인연이듯　중생들의
생과사도　인연따라　나타나니

좋은인연 간직하고 나쁜인연
버리시면 이다음에 태어날때
좋은인연 만나리라 사대육신
흩어지고 업식만을 가져가니
탐욕심을 버리시고 미움또한
거두시며 사견마저 버리시어
청정해진 마음으로 부처님의
품에안겨 왕생극락 하옵소서
돌고도는 생사윤회 자기업을
따르오니 오고감을 슬퍼말고
환희로써 발심하여 무명업장
밝히시면 무거운짐 모두벗고
삼악도를 뛰어넘어 극락세계
가오리다 이세상에 처음올때

영가님은 　누구셨고 　사바일생
마치시고 　가시는이 　누구신가
물이얼어 　얼음되고 　얼음녹아
물이되듯 　이세상의 　삶과죽음
물과얼음 　같으오니 　육친으로
맺은정을 　가벼웁게 　거두시고
청정해진 　업식으로 　극락왕생
하옵소서 　영가시여 　사바일생
다마치는 　임종시에 　지은죄업
남김없이 　부처님께 　참회하고
한순간도 　잊지않고 　부처님을
생각하면 　가고오는 　곳곳마다
그대로가 　극락이니 　첩첩쌓인
푸른산은 　부처님의 　도량이요

맑은하늘 　흰구름은 　부처님의
발자취며 　뭇생명의 　노래소리
부처님의 　설법이고 　대자연의
고요함은 　부처님의 　마음이니
불심으로 　바라보면 　온세상이
불국토요 　범부들의 　마음에는
불국토가 　사바로다 　애착하던
사바일생 　하룻밤의 　꿈과같고
나다너다 　모든분별 　본래부터
공이거니 　빈손으로 　오셨다가
빈손으로 　가시거늘 　그무엇에
얽매여서 　극락왕생 　못하시나
저희들이 　일심으로 　독송하는
진언따라 　지옥세계 　무너지고

맺은원결　풀어지며　아미타불
극락세계　상품상생　하옵소서

아미타불 본심미묘진언
『다냐타 옴 아리다라 사바하』(세번)

관세음보살 멸업장진언
『옴 아로늑계 사바하』(세번)

지장보살 멸정업진언
『옴 바라 마니 다니 사바하』(세번)

독경편

- 금강반야바라밀경
- 우리말 금강반야바라밀경
- 불설아미타경
- 우리말 불설아미타경
- 원각경보안보살장
- 우리말 원각경보안보살장
- 관세음보살보문품
- 우리말 관세음보살보문품
- 천지팔양신주경
- 우리말 천지팔양신주경
- 사대주 · 고왕경
- 몽수경 · 해탈주
- 무상계 · 우리말 무상계
- 츰부다라니

개경게
開經偈

무상심심미묘법 백천만겁난조우
無上甚深微妙法　百千萬劫難遭遇

아금문견득수지 원해여래진실의
我今聞見得受持　願解如來眞實意

개법장진언
開法藏眞言

『옴 아라남 아라다』(세번)

※ 원문 중 ( ) 속 글자는 지금까지 유통되어온 **금강경**의
　원문이며, 대한불교조계종 간(刊) **표준금강경**에서는
　삭제한 글자이다.
　단, 제27 무단무별분의 상(相)＊은 유통본에는 없는
　글자를 추가한 것이다.

금강반야바라밀경
金剛般若波羅蜜經

⊙ 제일 법회인유분
第一 法會因由分

여시아문 일시 불재사위국기수
如是我聞 一時 佛在舍衛國祇樹

급고독원 여대비구중 천이백오
給孤獨園 與大比丘衆 千二百五

십인구 이시 세존식시 착의지발
十人俱 爾時 世尊食時 著衣持鉢

입사위대성걸식 어기성중 차
入舍衛大城乞食 於其城中 次

제걸이 환지본처 반사흘 수의발
第乞已 還至本處 飯食訖 收衣鉢

세족이부좌이좌
洗足已敷座而坐

⊙ 제이 선현기청분
第二 善現起請分

시 장로수보리 재대중중 즉종
時 長老須菩提 在大衆中 卽從

좌기 편단우견 우슬착지 합장
座起 偏袒右肩 右膝著地 合掌

공경 이백불언 희유세존 여래
恭敬 而白佛言 希有世尊 如來

선호념제보살 선부촉제보살 세존
善護念諸菩薩 善付囑諸菩薩 世尊

선남자선여인 발아뇩다라삼먁
善男子善女人 發阿耨多羅三藐

삼보리심 응운하주 운하항복
三菩提心 應云何住 云何降伏

기심 불언 선재선재 수보리
其心 佛言 善哉善哉 須菩提

여여소설 여래 선호념제보살
如汝所說 如來 善護念諸菩薩

선부촉제보살 여금제청 당위
善付囑諸菩薩 汝今諦聽 當為

210 독경편

여설 선남자선여인 발아뇩다
汝 說 善 男 子 善 女 人 發 阿 耨 多

라삼먁삼보리심 응여시주 여시
羅 三 藐 三 菩 提 心 應 如 是 住 如 是

항복기심 유연세존 원요욕문
降 伏 其 心 唯 然 世 尊 願 樂 欲 聞

⊙ 제삼 대승정종분
第 三 大 乘 正 宗 分

불고수보리 제보살마하살 응여
佛 告 須 菩 提 諸 菩 薩 摩 訶 薩 應 如

시항복기심 소유일체중생지류
是 降 伏 其 心 所 有 一 切 衆 生 之 類

약난생 약태생 약습생 약화생
若 卵 生 若 胎 生 若 濕 生 若 化 生

약유색 약무색 약유상 약무상
若 有 色 若 無 色 若 有 想 若 無 想

약비유상비무상 아개영입무여
若 非 有 想 非 無 想 我 皆 令 入 無 餘

열반 이멸도지 여시멸도무량
涅 槃 而 滅 度 之 如 是 滅 度 無 量

무수무변중생 실무중생득멸
無數無邊衆生 實無衆生得滅

도자 하이고 수보리 약보살 유
度者 何以故 須菩提 若菩薩 有

아상 인상 중생상 수자상 즉비
我相 人相 衆生相 壽者相 卽非

보살
菩薩

⊙ 제사 묘행무주분
第四 妙行無住分

부차수보리 보살어법 응무소주
復次須菩提 菩薩於法 應無所住

행어보시 소위부주색보시 부주
行於布施 所謂不住色布施 不住

성향미촉법보시 수보리 보살응
聲香味觸法布施 須菩提 菩薩應

여시보시 부주어상 하이고 약
如是布施 不住於相 何以故 若

보살부주상보시 기복덕불가사
菩薩不住相布施 其福德不可思

량 수보리 어의운하 동방허공
量 須菩提 於意云何 東方虛空

가사량부 불야세존 수보리 남서
可思量不 不也世尊 須菩提 南西

북방 사유상하허공 가사량부
北方 四維上下虛空 可思量不

불야세존 수보리 보살무주상
不也世尊 須菩提 菩薩無住相

보시복덕 역부여시 불가사량
布施福德 亦復如是 不可思量

수보리 보살단응여소교주
須菩提 菩薩但應如所教住

⊙ 제오 여리실견분
第五 如理實見分

수보리 어의운하 가이신상 견여
須菩提 於意云何 可以身相 見如

래부 불야세존 불가이신상 득
來不 不也世尊 不可以身相 得

견여래 하이고 여래소설신상
見如來 何以故 如來所說身相

금강반야바라밀경 213

즉비신상 불고수보리 범소유상
卽 非 身 相　佛 告 須 菩 提　凡 所 有 相

개시허망 약견제상비상 즉견
皆 是 虛 妄　若 見 諸 相 非 相　則 見

여래
如 來

⊙ 제육 정신희유분
第 六　正 信 希 有 分

수보리백불언 세존 파유중생
須 菩 提 白 佛 言　世 尊　頗 有 衆 生

득문여시언설장구 생실신부 불
得 聞 如 是 言 說 章 句　生 實 信 不　佛

고수보리 막작시설 여래멸후 후
告 須 菩 提　莫 作 是 說　如 來 滅 後　後

오백세 유지계수복자 어차장구
五 百 歲　有 持 戒 修 福 者　於 此 章 句

능생신심 이차위실 당지시인
能 生 信 心　以 此 爲 實　當 知 是 人

불어일불이불삼사오불 이종선
不 於 一 佛 二 佛 三 四 五 佛　而 種 善

근 이어무량 천만불소 종제선근
根 已於無量 千萬佛所 種諸善根

문시장구 내지일념 생정신자 수
聞是章句 乃至一念 生淨信者 須

보리 여래실지실견 시제중생
菩提 如來悉知悉見 是諸衆生

득여시무량복덕 하이고 시제
得如是無量福德 何以故 是諸

중생 무부아상인상중생상수자
衆生 無復我相人相衆生相壽者

상 무법상 역무비법상 하이고
相 無法相 亦無非法相 何以故

시제중생 약심취상 즉위착아인
是諸衆生 若心取相 則爲着我人

중생수자 약취법상 즉착아인중
衆生壽者 若取法相 卽着我人衆

생수자 하이고 약취비법상 즉착
生壽者 何以故 若取非法相 卽着

아인중생수자 시고 불응취법
我人衆生壽者 是故 不應取法

불응취비법 이시의고 여래상설
不應取非法 以是義故 如來常說

여등비구 지아설법 여벌유자
汝等比丘 知我說法 如筏喩者

법상응사 하황비법
法尙應捨 何況非法

⊙ 제칠 무득무설분
第七 無得無說分

수보리 어의운하 여래득아뇩다
須菩提 於意云何 如來得阿耨多

라삼먁삼보리야 여래유소설법
羅三藐三菩提耶 如來有所說法

야 수보리언 여아해불소설의
耶 須菩提言 如我解佛所說義

무유정법명아뇩다라삼먁삼보
無有定法名阿耨多羅三藐三菩

리 역무유정법여래가설 하이
提 亦無有定法如來可說 何以

고 여래소설법 개불가취 불가
故 如來所說法 皆不可取 不可

설 비법 비비법 소이자하 일체
說 非法 非非法 所以者何 一切

현성 개이무위법 이유차별
賢聖 皆以無爲法 而有差別

⊙ 제팔 의법출생분
第八　依法出生分

수보리 어의운하 약인 만삼천대
須菩提 於意云何 若人 滿三千大

천세계칠보이용보시 시인 소득
千世界七寶以用布施 是人 所得

복덕 영위다부 수보리언 심다
福德 寧爲多不 須菩提言 甚多

세존 하이고 시복덕 즉비복덕성
世尊 何以故 是福德 卽非福德性

시고여래설복덕다 약부유인 어
是故如來說福德多 若復有人 於

차경중 수지내지사구게등 위타
此經中 受持乃至四句偈等 爲他

인설 기복승피 하이고 수보리
人說 其福勝彼 何以故 須菩提

일체제불 급제불아뇩다라삼먁
一切諸佛 及諸佛阿耨多羅三藐

삼보리법 개종차경출 수보리
三菩提法 皆從此經出 須菩提

소위불법자 즉비불법
所謂佛法者 卽非佛法

⊙ 제구 일상무상분
第九 一相無相分

수보리 어의운하 수다원 능작
須菩提 於意云何 須陀洹 能作

시념 아득수다원과부 수보리언
是念 我得須陀洹果不 須菩提言

불야세존 하이고 수다원 명위
不也世尊 何以故 須陀洹 名爲

입류 이무소입 불입색성향미촉법
入流 而無所入 不入色聲香味觸法

시명수다원 수보리 어의운하 사
是名須陀洹 須菩提 於意云何 斯

다함 능작시념 아득사다함과부
陀含 能作是念 我得斯陀含果不

수보리언 불야세존 하이고 사
須菩提言 不也世尊 何以故 斯

다함 명일왕래 이실무왕래 시
陀含 名一往來 而實無往來 是

명사다함 수보리 어의운하 아
名斯陀含 須菩提 於意云何 阿

나함 능작시념 아득아나함과부
那含 能作是念 我得阿那含果不

수보리언 불야세존 하이고 아
須菩提言 不也世尊 何以故 阿

나함 명위불래 이실무불래 시
那含 名爲不來 而實無不來 是

고 명아나함 수보리 어의운하
故 名阿那含 須菩提 於意云何

아라한 능작시념 아득아라한도
阿羅漢 能作是念 我得阿羅漢道

부 수보리언 불야세존 하이고
不 須菩提言 不也世尊 何以故

실무유법명아라한 세존 약아
實無有法名阿羅漢 世尊 若阿

라한 작시념 아득아라한도 즉
羅漢 作是念 我得阿羅漢道 卽

위착아인중생수자 세존 불설아
爲着我人衆生壽者 世尊 佛說我

득무쟁삼매인중 최위제일 시제
得無諍三昧人中 最爲第一 是第

일이욕아라한 (세존) 아부작시념
一離欲阿羅漢 世尊 我不作是念

아시이욕아라한 세존 아약작시념
我是離欲阿羅漢 世尊 我若作是念

아득아라한도 세존 즉불설 수보
我得阿羅漢道 世尊 則不說 須菩

리시요아란나행자 이수보리실
提是樂阿蘭那行者 以須菩提實

무소행 이명수보리 시요아란나행
無所行 而名須菩提 是樂阿蘭那行

⊙ 제십 장엄정토분

第十 莊嚴淨土分

불고수보리 어의운하 여래 석재

佛告須菩提 於意云何 如來 昔在

연등불소 어법유소득부 불야

然燈佛所 於法有所得不 不也

세존 여래재연등불소 어법실무

世尊 如來在然燈佛所 於法實無

소득 수보리 어의운하 보살 장

所得 須菩提 於意云何 菩薩 莊

엄불토부 불야세존 하이고 장

嚴佛土不 不也世尊 何以故 莊

엄불토자 즉비장엄 시명장엄

嚴佛土者 則非莊嚴 是名莊嚴

시고 수보리 제보살마하살 응여

是故 須菩提 諸菩薩摩訶薩 應如

시생청정심 불응주색생심 불응

是生清淨心 不應住色生心 不應

주성향미촉법생심 응무소주 이

住聲香味觸法生心 應無所住 而

생기심 수보리 비여유인 신여
生其心 須菩提 譬如有人 身如

수미산왕 어의운하 시신위대부
須彌山王 於意云何 是身爲大不

수보리언 심대세존 하이고 불
須菩提言 甚大世尊 何以故 佛

설비신 시명대신
說非身 是名大身

⊙ 제십일 무위복승분
第十一 無爲福勝分

수보리 여항하중소유사수 여시
須菩提 如恒河中所有沙數 如是

사등항하 어의운하 시제항하사
沙等恒河 於意云何 是諸恒河沙

영위다부 수보리언 심다세존
寧爲多不 須菩提言 甚多世尊

단제항하 상다무수 하황기사
但諸恒河 尙多無數 何況其沙

수보리 아금실언고여 약유선
須菩提 我今實言告汝 若有善

남자선여인 이칠보만이소항
男子善女人 以七寶滿爾所恒

하사수삼천대천세계 이용보시
河沙數三千大千世界 以用布施

득복다부 수보리언 심다세존
得福多不 須菩提言 甚多世尊

불고수보리 약선남자선여인
佛告須菩提 若善男子善女人

어차경중 내지수지사구게등
於此經中 乃至受持四句偈等

위타인설 이차복덕 승전복덕
爲他人說 而此福德 勝前福德

⊙ 제십이 존중정교분
第十二 尊重正教分

부차수보리 수설시경 내지사구
復次須菩提 隨說是經 乃至四句

게등 당지차처 일체세간천인아
偈等 當知此處 一切世間天人阿

수라 개응공양 여불탑묘 하황
修羅 皆應供養 如佛塔廟 何況

유인진능수지독송 수보리 당
有人盡能受持讀誦 須菩提 當

지시인성취최상제일희유지법
知是人成就最上第一希有之法

약시경전소재지처 즉위유불 약
若是經典所在之處 則爲有佛 若

존중제자
尊重弟子

⊙ 제십삼 여법수지분
第 十 三 如法受持分

이시 수보리백불언 세존 당하
爾時 須菩提白佛言 世尊 當何

명차경 아등운하봉지 불고수
名此經 我等云何奉持 佛告須

보리 시경명위금강반야바라밀
菩提 是經名爲金剛般若波羅蜜

이시명자 여당봉지 소이자하
以是名字 汝當奉持 所以者何

수보리 불설반야바라밀 즉비반
須菩提 佛說般若波羅蜜 則非般

야바라밀 시명반야바라밀 수보
若 波 羅 蜜 是 名 般 若 波 羅 蜜 須 菩

리 어의운하 여래유소설법부
提 於 意 云 何 如 來 有 所 說 法 不

수보리백불언 세존 여래무소설
須 菩 提 白 佛 言 世 尊 如 來 無 所 說

수보리 어의운하 삼천대천세계
須 菩 提 於 意 云 何 三 千 大 千 世 界

소유미진 시위다부 수보리언
所 有 微 塵 是 爲 多 不 須 菩 提 言

심다세존 수보리 제미진 여래
甚 多 世 尊 須 菩 提 諸 微 塵 如 來

설비미진 시명미진 여래설세계
說 非 微 塵 是 名 微 塵 如 來 說 世 界

비세계 시명세계 수보리 어의
非 世 界 是 名 世 界 須 菩 提 於 意

운하 가이삼십이상 견여래부
云 何 可 以 三 十 二 相 見 如 來 不

불야세존 불가이삼십이상 득
不 也 世 尊 不 可 以 三 十 二 相 得

견여래 하이고 여래설삼십이상
見如來 何以故 如來說三十二相

즉시비상 시명삼십이상 수보리
卽是非相 是名三十二相 須菩提

약유선남자선여인 이항하사등
若有善男子善女人 以恒河沙等

신명보시 약부유인 어차경중
身命布施 若復有人 於此經中

내지수지사구게등 위타인설 기
乃至受持四句偈等 爲他人說 其

복심다
福甚多

⊙ 제십사 이상적멸분
第 十 四 離相寂滅分

이시 수보리 문설시경 심해의취
爾時 須菩提 聞說是經 深解義趣

체루비읍 이백불언 희유세존
涕淚悲泣 而白佛言 希有世尊

불설여시심심경전 아종석래소
佛說如是甚深經典 我從昔來所

226 독경편

득혜안 미증득문여시지경 세존
得慧眼 未曾得聞如是之經 世尊

약부유인 득문시경 신심청정 즉
若復有人 得聞是經 信心淸淨 則

생실상 당지시인 성취제일희유
生實相 當知是人 成就第一希有

공덕 세존 시실상자 즉시비상
功德 世尊 是實相者 則是非相

시고 여래설명실상 세존 아금
是故 如來說名實相 世尊 我今

득문여시경전 신해수지 부족위
得聞如是經典 信解受持 不足爲

난 약당래세 후오백세 기유중생
難 若當來世 後五百歲 其有衆生

득문시경 신해수지 시인 즉위제
得聞是經 信解受持 是人 則爲第

일희유 하이고 차인 무아상
一希有 何以故 此人 無我相

(무)인상 (무)중생상 (무)수자상
無人相 無衆生相 無壽者相

소이자하 아상즉시비상 인상중
所以者何 我相卽是非相 人相衆

생상수자상즉시비상 하이고 이
生相壽者相卽是非相 何以故 離

일체제상 즉명제불 불고수보
一切諸相 則名諸佛 佛告須菩

리 여시여시 약부유인 득문시경
提 如是如是 若復有人 得聞是經

불경불포불외 당지시인 심위희
不驚不怖不畏 當知是人 甚爲希

유 하이고 수보리 여래설제일
有 何以故 須菩提 如來說第一

바라밀 (즉)비제일바라밀 시명
波羅蜜 卽 非第一波羅蜜 是名

제일바라밀 수보리 인욕바라밀
第一波羅蜜 須菩提 忍辱波羅蜜

여래설비인욕바라밀 (시명인욕
如來說非忍辱波羅蜜 是名忍辱

바라밀) 하이고 수보리 여아석
波羅蜜 何以故 須菩提 如我昔

위가리왕 할절신체 아어이시 무
爲歌利王 割截身體 我於爾時 無

아상 무인상 무중생상 무수자
我相 無人相 無衆生相 無壽者

상 하이고 아어왕석절절지해시
相 何以故 我於往昔節節支解時

약유아상인상중생상수자상 응
若有我相人相衆生相壽者相 應

생진한 수보리 우념과거어오백
生瞋恨 須菩提 又念過去於五百

세 작인욕선인 어이소세 무아상
世 作忍辱仙人 於爾所世 無我相

무인상 무중생상 무수자상 시고
無人相 無衆生相 無壽者相 是故

수보리 보살 응리일체상 발아뇩
須菩提 菩薩 應離一切相 發阿耨

다라삼먁삼보리심 불응주색생심
多羅三藐三菩提心 不應住色生心

불응주성향미촉법생심 응생무
不應住聲香味觸法生心 應生無

소주심 약심유주 즉위비주 시고
所住心 若心有住 則爲非住 是故

불설보살 심불응주색보시 수보
佛說菩薩 心不應住色布施 須菩

리 보살 위이익일체중생 응여
提 菩薩 爲利益一切衆生 應如

시보시 여래설일체제상 즉시비
是布施 如來說一切諸相 卽是非

상 우설일체중생 즉비중생 수보
相 又說一切衆生 則非衆生 須菩

리 여래 시진어자 실어자 여어
提 如來 是眞語者 實語者 如語

자 불광어자 불이어자 수보리
者 不誑語者 不異語者 須菩提

여래소득법 차법무실무허 수보
如來所得法 此法無實無虛 須菩

리 약보살 심주어법 이행보시
提 若菩薩 心住於法 而行布施

여인입암 즉무소견 약보살 심부
如人入闇 則無所見 若菩薩 心不

주법 이행보시 여인유목 일광명
住法 而行布施 如人有目 日光明

조 견종종색 수보리 당래지세
照 見種種色 須菩提 當來之世

약유선남자선여인 능어차경 수
若有善男子善女人 能於此經 受

지독송 즉위여래 이불지혜 실지
持讀誦 則爲如來 以佛智慧 悉知

시인 실견시인 개득성취무량무
是人 悉見是人 皆得成就無量無

변공덕
邊功德

⊙ 제십오 지경공덕분
第十五 持經功德分

수보리 약유선남자선여인 초
須菩提 若有善男子善女人 初

일분 이항하사등신보시 중일분
日分 以恒河沙等身布施 中日分

부이항하사등신보시 후일분 역
復以恒河沙等身布施 後日分 亦

이항하사등신보시 여시무량백
以 恒 河 沙 等 身 布 施　如 是 無 量 百

천만억겁 이신보시 약부유인
千 萬 億 劫　以 身 布 施　若 復 有 人

문차경전 신심불역 기복승피
聞 此 經 典　信 心 不 逆　其 福 勝 彼

하황서사수지독송 위인해설
何 況 書 寫 受 持 讀 誦　爲 人 解 說

수보리 이요언지 시경 유불가
須 菩 提　以 要 言 之　是 經　有 不 可

사의불가칭량무변공덕 여래
思 議 不 可 稱 量 無 邊 功 德　如 來

위발대승자설 위발최상승자설
爲 發 大 乘 者 說　爲 發 最 上 乘 者 說

약유인 능수지독송 광위인설
若 有 人　能 受 持 讀 誦　廣 爲 人 說

여래실지시인 실견시인 개득
如 來 悉 知 是 人　悉 見 是 人　皆 得

성취불가량불가칭무유변불가
成 就 不 可 量 不 可 稱 無 有 邊 不 可

사의공덕 여시인등 즉위하담여
思 議 功 德 如 是 人 等 則 爲 荷 擔 如

래아뇩다라삼먁삼보리 하이고
來 阿 耨 多 羅 三 藐 三 菩 提 何 以 故

수보리 약요소법자 착아견인견
須 菩 提 若 樂 小 法 者 着 我 見 人 見

중생견수자견 즉어차경 불능청
衆 生 見 壽 者 見 則 於 此 經 不 能 聽

수독송 위인해설 수보리 재재
受 讀 誦 爲 人 解 說 須 菩 提 在 在

처처 약유차경 일체세간천인
處 處 若 有 此 經 一 切 世 間 天 人

아수라 소응공양 당지차처 즉
阿 修 羅 所 應 供 養 當 知 此 處 則

위시탑 개응공경 작례위요 이제
爲 是 塔 皆 應 恭 敬 作 禮 圍 繞 以 諸

화향 이산기처
華 香 而 散 其 處

⊙ 제십육 능정업장분
第 十 六 能 淨 業 障 分

부차 수보리 선남자선여인 수지
復 次 須 菩 提 善 男 子 善 女 人 受 持

독송차경 약위인경천 시인 선세
讀 誦 此 經 若 爲 人 輕 賤 是 人 先 世

죄업 응타악도 이금세인경천고
罪 業 應 墮 惡 道 以 今 世 人 輕 賤 故

선세죄업 즉위소멸 당득아뇩다
先 世 罪 業 則 爲 消 滅 當 得 阿 耨 多

라삼먁삼보리 수보리 아념과거
羅 三 藐 三 菩 提 須 菩 提 我 念 過 去

무량아승기겁 어연등불전 득치
無 量 阿 僧 祇 劫 於 然 燈 佛 前 得 値

팔백사천만억나유타제불 실개
八 百 四 千 萬 億 那 由 他 諸 佛 悉 皆

공양승사 무공과자 약부유인
供 養 承 事 無 空 過 者 若 復 有 人

어후말세 능수지독송차경 소득
於 後 末 世 能 受 持 讀 誦 此 經 所 得

공덕 어아소공양제불공덕 백분
功德 於我所供養諸佛功德 百分

불급일 천만억분 내지산수비유
不及一 千萬億分 乃至算數譬喻

소불능급 수보리 약선남자선
所不能及 須菩提 若善男子善

여인 어후말세 유수지독송차경
女人 於後末世 有受持讀誦此經

소득공덕 아약구설자 혹유인문
所得功德 我若具說者 或有人聞

심즉광란 호의불신 수보리 당
心則狂亂 狐疑不信 須菩提 當

지 시경의 불가사의 과보역불
知 是經義 不可思議 果報亦不

가사의
可思議

제십칠 구경무아분
第 十 七   究 竟 無 我 分

이시 수보리백불언 세존 선남자
爾 時   須 菩 提 白 佛 言   世 尊   善 男 子

선여인 발아뇩다라삼먁삼보리심
善 女 人   發 阿 耨 多 羅 三 藐 三 菩 提 心

운하응주 운하항복기심 불고수
云 何 應 住   云 何 降 伏 其 心   佛 告 須

보리 (약)선남자선여인 발아뇩다
菩 提   若   善 男 子 善 女 人   發 阿 耨 多

라삼먁삼보리(심)자 당생여시심
羅 三 藐 三 菩 提   心 者   當 生 如 是 心

아응멸도일체중생 멸도일체중
我 應 滅 度 一 切 衆 生   滅 度 一 切 衆

생이 이무유일중생실멸도자
生 已   而 無 有 一 衆 生 實 滅 度 者

하이고 수보리 약보살 유아상
何 以 故   須 菩 提   若 菩 薩   有 我 相

인상중생상수자상 즉비보살
人 相 衆 生 相 壽 者 相   則 非 菩 薩

소이자하 수보리 실무유법 발아
所以者何 須菩提 實無有法 發阿

녹다라삼먁삼보리(심)자 수보리
耨多羅三藐三菩提 心 者 須菩提

어의운하 여래어연등불소 유법
於意云何 如來於然燈佛所 有法

득아녹다라삼먁삼보리부 불야
得阿耨多羅三藐三菩提不 不也

세존 여아해불소설의 불어연
世尊 如我解佛所說義 佛於然

등불소 무유법득아녹다라삼먁
燈佛所 無有法得阿耨多羅三藐

삼보리 불언 여시여시 수보리
三菩提 佛言 如是如是 須菩提

실무유법여래득아녹다라삼먁
實無有法如來得阿耨多羅三藐

삼보리 수보리 약유법여래득아
三菩提 須菩提 若有法如來得阿

녹다라삼먁삼보리자 연등불 즉
耨多羅三藐三菩提者 然燈佛 則

불여아수기 여어래세 당득작불
不 與 我 授 記　汝 於 來 世　當 得 作 佛

호석가모니 이실무유법득아뇩
號 釋 迦 牟 尼　以 實 無 有 法 得 阿 耨

다라삼먁삼보리 시고 연등불
多 羅 三 藐 三 菩 提　是 故　然 燈 佛

여아수기 작시언 여어래세 당득
與 我 授 記　作 是 言　汝 於 來 世　當 得

작불 호석가모니 하이고 여래자
作 佛　號 釋 迦 牟 尼　何 以 故　如 來 者

즉제법여의 약유인언 여래득아
卽 諸 法 如 義　若 有 人 言　如 來 得 阿

뇩다라삼먁삼보리 수보리 실무
耨 多 羅 三 藐 三 菩 提　須 菩 提　實 無

유법불득아뇩다라삼먁삼보리
有 法 佛 得 阿 耨 多 羅 三 藐 三 菩 提

수보리 여래소득아뇩다라삼먁삼
須 菩 提　如 來 所 得 阿 耨 多 羅 三 藐 三

보리 어시중 무실무허 시고 여
菩 提　於 是 中　無 實 無 虛　是 故　如

래설 일체법 개시불법 수보리
來說 一切法 皆是佛法 須菩提

소언일체법자 즉비일체법 시고
所言一切法者 卽非一切法 是故

명일체법 수보리 비여인신장대
名一切法 須菩提 譬如人身長大

수보리언 세존 여래설인신장대
須菩提言 世尊 如來說人身長大

즉위비대신 시명대신 수보리 보
則爲非大身 是名大身 須菩提 菩

살역여시 약작시언 아당멸도
薩亦如是 若作是言 我當滅度

무량중생 즉불명보살 하이고 수
無量衆生 則不名菩薩 何以故 須

보리 실무유법명위보살 시고
菩提 實無有法名爲菩薩 是故

불설일체법 무아무인무중생
佛說一切法 無我無人無衆生

무수자 수보리 약보살작시언
無壽者 須菩提 若菩薩作是言

아당장엄불토 시불명보살 하이
我 當 莊 嚴 佛 土 是 不 名 菩 薩 何 以

고 여래설장엄불토자 즉비장엄
故 如 來 說 莊 嚴 佛 土 者 卽 非 莊 嚴

시명장엄 수보리 약보살 통달
是 名 莊 嚴 須 菩 提 若 菩 薩 通 達

무아법자 여래설명진시보살
無 我 法 者 如 來 說 名 眞 是 菩 薩

⊙ 제십팔 일체동관분
第 十 八 一 體 同 觀 分

수보리 어의운하 여래유육안부
須 菩 提 於 意 云 何 如 來 有 肉 眼 不

여시세존 여래유육안 수보리
如 是 世 尊 如 來 有 肉 眼 須 菩 提

어의운하 여래유천안부 여시세
於 意 云 何 如 來 有 天 眼 不 如 是 世

존 여래유천안 수보리 어의운하
尊 如 來 有 天 眼 須 菩 提 於 意 云 何

여래유혜안부 여시세존 여래
如 來 有 慧 眼 不 如 是 世 尊 如 來

유혜안 수보리 어의운하 여래유
有慧眼 須菩提 於意云何 如來有

법안부 여시세존 여래유법안
法眼不 如是世尊 如來有法眼

수보리 어의운하 여래유불안부
須菩提 於意云何 如來有佛眼不

여시세존 여래유불안 수보리
如是世尊 如來有佛眼 須菩提

어의운하 여항하중소유사 불설
於意云何 如恒河中所有沙 佛說

시사부 여시세존 여래설시사
是沙不 如是世尊 如來說是沙

수보리 어의운하 여일항하중소
須菩提 於意云何 如一恒河中所

유사 유여시(사)등항하 시제항하
有沙 有如是 沙 等恒河 是諸恒河

소유사수불세계 여시영위다부
所有沙數佛世界 如是寧爲多不

심다세존 불고수보리 이소국
甚多世尊 佛告須菩提 爾所國

토중 소유중생 약간종심 여래
土中 所有衆生 若干種心 如來

실지 하이고 여래설제심 개위
悉知 何以故 如來說諸心 皆爲

비심 시명위심 소이자하 수보리
非心 是名爲心 所以者何 須菩提

과거심불가득 현재심불가득
過去心不可得 現在心不可得

미래심불가득
未來心不可得

⊙ 제십구 법계통화분
第十九 法界通化分

수보리 어의운하 약유인 만삼천
須菩提 於意云何 若有人 滿三千

대천세계칠보 이용보시 시인 이
大千世界七寶 以用布施 是人 以

시인연 득복다부 여시세존 차
是因緣 得福多不 如是世尊 此

인 이시인연 득복심다 수보리
人 以是因緣 得福甚多 須菩提

약복덕유실 여래불설득복덕다
若福德有實 如來不說得福德多

이복덕무고 여래설득복덕다
以福德無故 如來說得福德多

⊙ 제이십 이색이상분
第二十 離色離相分

수보리 어의운하 불가이구족
須菩提 於意云何 佛可以具足

색신견부 불야세존 여래불응
色身見不 不也世尊 如來不應

이구족색신견 하이고 여래설구
以具足色身見 何以故 如來說具

족색신 즉비구족색신 시명구족
足色身 卽非具足色身 是名具足

색신 수보리 어의운하 여래가
色身 須菩提 於意云何 如來可

이구족제상견부 불야세존 여
以具足諸相見不 不也世尊 如

래불응이구족제상견 하이고
來不應以具足諸相見 何以故

여래설제상구족 즉비구족 시
如來說諸相具足 卽非具足 是

명제상구족
名諸相具足

⊙ 제이십일 비설소설분
第二十一 非說所說分

수보리 여물위여래작시념 아당
須菩提 汝勿謂如來作是念 我當

유소설법 막작시념 하이고 약인
有所說法 莫作是念 何以故 若人

언 여래유소설법 즉위방불 불능
言 如來有所說法 卽爲謗佛 不能

해아소설고 수보리 설법자 무법
解我所說故 須菩提 說法者 無法

가설 시명설법 이시 혜명수보리
可說 是名說法 爾時 慧命須菩提

백불언 세존 파유중생 어미래세
白佛言 世尊 頗有衆生 於未來世

문설시법 생신심부 불언 수보리
聞說是法 生信心不 佛言 須菩提

피비중생 비불중생 하이고 수보
彼 非 衆 生 非 不 衆 生 何 以 故 須 菩

리 중생중생자 여래설비중생 시
提 衆 生 衆 生 者 如 來 說 非 衆 生 是

명중생
名 衆 生

⊙ 제이십이 무법가득분
第 二 十 二 無 法 可 得 分

수보리백불언 세존 불득아뇩
須 菩 提 白 佛 言 世 尊 佛 得 阿 耨

다라삼먁삼보리 위무소득야 불
多 羅 三 藐 三 菩 提 爲 無 所 得 耶 佛

언 여시여시 수보리 아어아뇩다
言 如 是 如 是 須 菩 提 我 於 阿 耨 多

라삼먁삼보리 내지무유소법가득
羅 三 藐 三 菩 提 乃 至 無 有 少 法 可 得

시명아뇩다라삼먁삼보리
是 名 阿 耨 多 羅 三 藐 三 菩 提

⊙ 제이십삼 정심행선분
第 二 十 三 淨 心 行 善 分

부차 수보리 시법평등 무유고하
復 次 須 菩 提 是 法 平 等 無 有 高 下

시명아뇩다라삼먁삼보리 이무아
是 名 阿 耨 多 羅 三 藐 三 菩 提 以 無 我

무인무중생무수자 수일체선법
無 人 無 衆 生 無 壽 者 修 一 切 善 法

즉득아뇩다라삼먁삼보리 수보리
則 得 阿 耨 多 羅 三 藐 三 菩 提 須 菩 提

소언선법자 여래설 즉비선법
所 言 善 法 者 如 來 說 卽 非 善 法

시명선법
是 名 善 法

⊙ 제이십사 복지무비분
第 二 十 四 福 智 無 比 分

수보리 약삼천대천세계중 소유
須 菩 提 若 三 千 大 千 世 界 中 所 有

제수미산왕 여시등칠보취 유인
諸 須 彌 山 王 如 是 等 七 寶 聚 有 人

지용보시 약인 이차반야바라밀
持用布施 若人 以此 般若波羅蜜

경 내지사구게등 수지독송 위타
經 乃至四句偈等 受持讀誦 爲他

인설 어전복덕 백분불급일 백천
人說 於前福德 百分不及一 百千

만억분 내지산수비유 소불능급
萬億分 乃至算數譬喩 所不能及

⊙ 제이십오 화무소화분
第二十五 化無所化分

수보리 어의운하 여등물위여
須菩提 於意云何 汝等勿謂如

래작시념 아당도중생 수보리 막
來作是念 我當度衆生 須菩提 莫

작시념 하이고 실무유중생여래
作是念 何以故 實無有衆生如來

도자 약유중생 여래도자 여래
度者 若有衆生 如來度者 如來

즉유아인중생수자 수보리 여래
則有我人衆生壽者 須菩提 如來

설 유아자 즉비유아 이범부지인
說　有　我　者　則　非　有　我　而　凡　夫　之　人

이위유아 수보리 범부자 여래
以　爲　有　我　須　菩　提　凡　夫　者　如　來

설즉비범부 (시명범부)
說　則　非　凡　夫　是　名　凡　夫

⊙ 제이십육 법신비상분
第　二　十　六　法　身　非　相　分

수보리 어의운하 가이삼십이상
須　菩　提　於　意　云　何　可　以　三　十　二　相

관여래부 수보리언 여시여시 이
觀　如　來　不　須　菩　提　言　如　是　如　是　以

삼십이상 관여래 불언 수보리
三　十　二　相　觀　如　來　佛　言　須　菩　提

약이삼십이상 관여래자 전륜
若　以　三　十　二　相　觀　如　來　者　轉　輪

성왕 즉시여래 수보리백불언
聖　王　則　是　如　來　須　菩　提　白　佛　言

세존 여아해불소설의 불응이
世　尊　如　我　解　佛　所　說　義　不　應　以

삼십이상 관여래 이시세존 이
三 十 二 相　觀 如 來　爾 時 世 尊　而

설게언
說 偈 言

약이색견아　이음성구아
若 以 色 見 我　以 音 聲 求 我

시인행사도　불능견여래
是 人 行 邪 道　不 能 見 如 來

⊙ 제이십칠　무단무멸분
第 二 十 七　無 斷 無 滅 分

수보리 여약작시념 여래불이구
須 菩 提　汝 若 作 是 念　如 來 不 以 具

족상고 득아뇩다라삼먁삼보리
足 相 故　得 阿 耨 多 羅 三 藐 三 菩 提

수보리 막작시념 여래불이구족
須 菩 提　莫 作 是 念　如 來 不 以 具 足

상고 득아뇩다라삼먁삼보리 수
相 故　得 阿 耨 多 羅 三 藐 三 菩 提　須

보리 여약작시념 발아뇩다라삼
菩 提　汝 若 作 是 念　發 阿 耨 多 羅 三

막삼보리(심)자 설제법단멸(상)*
藐 三 菩 提 (心) 者　說 諸 法 斷 滅 (相)*

막작시념 하이고 발아뇩다라삼
莫 作 是 念　何 以 故　發 阿 耨 多 羅 三

막삼보리심자 어법 불설단멸상
藐 三 菩 提 心 者　於 法　不 說 斷 滅 相

⊙ 제이십팔 불수불탐분
第 二 十 八　不 受 不 貪 分

수보리 약보살 이만항하사등세
須 菩 提　若 菩 薩　以 滿 恒 河 沙 等 世

계칠보 지용보시 약부유인 지일
界 七 寶　持 用 布 施　若 復 有 人　知 一

체법무아 득성어인 차보살 승전
切 法 無 我　得 成 於 忍　此 菩 薩　勝 前

보살소득공덕 (하이고) 수보리
菩 薩 所 得 功 德　何 以 故　須 菩 提

이제보살 불수복덕고 수보리백
以 諸 菩 薩　不 受 福 德 故　須 菩 提 白

불언 세존 운하보살 불수복덕 수
佛 言　世 尊　云 何 菩 薩　不 受 福 德　須

보리 보살 소작복덕 불응탐착 시
菩 提 菩 薩 所 作 福 德 不 應 貪 着 是

고 설불수복덕
故 說 不 受 福 德

⊙ 제이십구 위의적정분
第 二 十 九 威 儀 寂 靜 分

수보리 약유인언 여래약래약거
須 菩 提 若 有 人 言 如 來 若 來 若 去

약좌약와 시인 불해아소설의
若 坐 若 臥 是 人 不 解 我 所 說 義

하이고 여래자 무소종래 역무
何 以 故 如 來 者 無 所 從 來 亦 無

소거 고명여래
所 去 故 名 如 來

⊙ 제삼십 일합이상분
第 三 十 一 合 理 相 分

수보리 약선남자선여인 이삼
須 菩 提 若 善 男 子 善 女 人 以 三

천대천세계 쇄위미진 어의운하
千大千世界 碎爲微塵 於意云何

시미진중 영위다부 (수보리언)
是微塵衆 寧爲多不 須菩提言

심다세존 하이고 약시미진중 실
甚多世尊 何以故 若是微塵衆 實

유자 불즉불설시미진중 소이자
有者 佛則不說是微塵衆 所以者

하 불설미진중 즉비미진중 시명
何 佛說微塵衆 則非微塵衆 是名

미진중 세존 여래소설삼천대천
微塵衆 世尊 如來所說三千大千

세계 즉비세계 시명세계 하이고
世界 則非世界 是名世界 何以故

약세계실유자 즉시일합상 여래
若世界實有者 則是一合相 如來

설일합상 즉비일합상 시명일합
說一合相 則非一合相 是名一合

상 수보리 일합상자 즉시불가설
相 須菩提 一合相者 則是不可說

단범부지인 탐착기사
但 凡 夫 之 人 　 貪 着 其 事

⊙ 제삼십일　지견불생분
第 三 十 一 　 知 見 不 生 分

수보리　약인언　불설아견인견
須 菩 提 　 若 人 言 　 佛 說 我 見 人 見

중생견수자견　수보리　어의운하
衆 生 見 壽 者 見 　 須 菩 提 　 於 意 云 何

시인　해아소설의부　불야세존
是 人 　 解 我 所 說 義 不 　 不 也 世 尊

시인　불해여래소설의　하이고　세
是 人 　 不 解 如 來 所 說 義 　 何 以 故 　 世

존설아견인견중생견수자견　즉
尊 說 我 見 人 見 衆 生 見 壽 者 見 　 卽

비아견인견중생견수자견　시명
非 我 見 人 見 衆 生 見 壽 者 見 　 是 名

아견인견중생견수자견　수보리
我 見 人 見 衆 生 見 壽 者 見 　 須 菩 提

발아뇩다라삼먁삼보리심자　어일
發 阿 耨 多 羅 三 藐 三 菩 提 心 者 　 於 一

체법 응여시지 여시견 여시신해
切法 應如是知 如是見 如是信解

불생법상 수보리 소언법상자 여
不生法相 須菩提 所言法相者 如

래설즉비법상 시명법상
來說卽非法相 是名法相

⊙ 제삼십이 응화비진분
第三十二 應化非眞分

수보리 약유인 이만무량아승기
須菩提 若有人 以滿無量阿僧祇

세계칠보 지용보시 약유선남자
世界七寶 持用布施 若有善男子

선여인 발보살심자 지어차경
善女人 發菩薩心者 持於此經

내지사구게등 수지독송 위인
乃至四句偈等 受持讀誦 爲人

연설 기복승피 운하위인연설
演說 其福勝彼 云何爲人演說

불취어상 여여부동 하이고
不取於相 如如不動 何以故

일체유위법 여몽환포영
一切有爲法　如夢幻泡影

여로역여전 응작여시관
如露亦如電　應作如是觀

불설시경이 장로수보리 급제
佛說是經已　長老須菩提　及諸

비구비구니 우바새우바이 일체
比丘比丘尼　優婆塞優婆夷　一切

세간천인아수라 문불소설 개대
世間天人阿修羅　聞佛所說　皆大

환희 신수봉행
歡喜　信受奉行

우리말 금강반야바라밀경

⊙ 제일분 법회가 열린 연유

이와 같이 내가 들었다.

한때에 부처님께서 사위국 기수급고독원에서 큰 비구들 천이백오십 명과 함께 계셨다.

그때 세존께서는 공양을 드실 때인지라 가사를 입으시고 발우를 들으시고 사위대성에 들어가시어, 성 안에서 공양을 받으실 적에 차례차례 받으시고 다시 계시던 곳으로 돌아오시어 공양을 드신 후에 가사와 발우를 거두시고, 발을 씻으신 뒤 자리를 펴고 앉으셨다.

⊙ 제이분 수보리가 법을 청함

이때에 장로 수보리가 대중 가운데 있다가 일어나 오른쪽 어깨에 가사를 벗어 메고, 오른쪽 무릎을 땅에 꿇어 합장하며 공손히 부처님께 말씀드리기를,

『희유하십니다. 세존이시여, 여래께서는 모든 보살들을 잘 보살펴 주시고 염려하시며, 모든 보살들에게 잘 당부하시고 위촉하십니다. 세존이시여, 선남자 선여인이 아뇩다라삼먁삼보리심을 내고는 어떻게 그 마음을 머물며 어떻게 그 마음을 항복시켜야 하오리까?』

부처님께서 말씀하시기를,

『착하고 착하도다. 수보리야, 너의 말과 같이 여래는 모든 보살들을 잘 보살

피고 염려하며 모든 보살들에게 잘 당부하고 위촉하느니라. 너희들은 이제 자세히 들어라. 너희들을 위하여 말해 주리라. 선남자 선여인이 아뇩다라삼먁삼보리심을 내고는 마땅히 이와 같이 머물고 이와 같이 마음을 항복시킬 지니라.』

『예, 세존이시여 자세히 듣고자 원하옵니다.』

⊙ 제삼분 대승의 바른 뜻

부처님께서 수보리에게 이르시길,

『모든 보살마하살은 마땅히 이와 같이 그 마음을 항복시킬지니,「무릇 세상에 있는 온갖 중생으로서 알로 태어나는 것, 태로 태어나는 것, 습기로 태어나는 것, 화하여 태어나는 것, 형상이 있는 것, 형상이 없는 것, 생각이 있는 것, 생각이 없는 것, 생각이 있지도 않고 생각이 없지도 않는 것들을 내가 모두 무여열반에 들도록 제도하리라. 이렇게 한량없고 셀 수 없는 중생들을 제도하여도 사실은 한 중생도 제도를 받은 이가 없다.」하라.

왜냐하면 수보리야, 만일 보살로서 나라는 생각, 사람이라는 생각, 중생이라는 생각, 오래 산다는 생각이 있으면 보살이 아니기 때문이다.』

⊙ 제사분 묘행은 머무름이 없음
『또 수보리야, 보살은 모든 법에 머무

름 없이 보시를 해야 하느니라. 이른바 형상(色)에 머물지 않고 보시하고, 소리(聲)·냄새(香)·맛(味)·닿음(觸)·법(法)에도 머물지 않고 보시해야 하느니라.

수보리야, 보살은 마땅히 이렇게 보시하되 모양(相)에 머물지 말 것이니라. 왜냐하면 만일 보살이 모양(相)에 머물지 않고 보시한다면 그 복덕은 생각으로는 헤아릴 수 없느니라.

수보리야, 너는 어떻게 생각하느냐? 동쪽에 있는 허공을 생각으로 헤아릴 수 있겠느냐?』

『헤아릴 수 없습니다. 세존이시여.』

『수보리야, 남쪽·서쪽·북쪽과 네 간

방과 위·아래의 허공을 생각으로 헤아릴 수 있겠느냐?』

『헤아릴 수 없습니다. 세존이시여.』

『수보리야, 보살이 모양에 머물지 않고 보시한 복덕도 또한 이와 같아서 생각으로는 헤아릴 수 없느니라. 수보리야, 보살은 마땅히 이렇게 가르친 바 대로 머물지니라.』

⊙ 제오분 진여의 이치를 실상으로 봄

『수보리야, 어떻게 생각하느냐. 육신의 몸으로써 여래를 볼 수 있겠느냐?』

『볼 수 없습니다. 세존이시여, 육신의 몸으로써 여래를 볼 수 없습니다. 왜냐하면 여래께서 말씀하시는 몸은 몸이 아니기 때문입니다.』

부처님께서 수보리에게 이르시길,

『인연따라 화합된 모든 형상들은 모두 다 거짓이고 헛된 것이니, 만약 모든 형상이 형상 아님을 알면 바로 여래의 참모습 볼 수 있으리.』

⊙ 제육분 바른 믿음은 희유함

수보리가 부처님께 말씀드리기를,

『세존이시여, 혹 어떤 중생이 이와 같은 말과 글귀를 듣고 참다운 믿음을 낼 수가 있겠습니까?』

부처님께서 수보리에게 이르시길,

『그런 말을 하지 말라. 여래가 멸도한 후오백세에도 계행을 지키고 복을 닦는 사람은, 이와 같은 말과 글귀에 능히 믿음을 내어 이것을 진실이라 여길 것이니라. 마땅히 알라. 이러한 사람은 한 분의 부처님, 두 분의 부처님, 셋, 넷, 다섯 분의 부처님에게만 선근을 심은 것이 아니라 이미 한량없는 천만 부처님 계신 곳에서 온갖 선근을 심었으므로 이러한 말과 글귀를 듣고 한 생각에 깨끗한 믿음을 내느니라.

수보리야, 여래는 이 모든 중생들이 이와 같이 한량 없는 복덕을 얻는 것을 다 아시고 다 보시느니라. 왜냐하면, 이 모든 중생들이 다시는 나라는 생각, 사람이라는 생각, 중생이라는 생각, 오래 산다는 생각이 없으며, 법이라는 생각도 없고,

법 아니라는 생각도 없기 때문이니라.

왜냐하면 이 모든 중생들이 마음에 모양(相)을 지니면 곧 나다, 사람이다, 중생이다, 오래 산다는 생각에 빠져들기 때문이며, 만일 법이라는 생각을 지녀도 곧 나다, 사람이다, 중생이다, 오래 산다는 생각에 빠져들기 때문이며 만일 법 아니다는 생각을 지녀도 곧 나다, 사람이다, 중생이다, 오래 산다는 생각에 빠져들기 때문이니라.

그러므로 마땅히 법도 지니지 말고, 법 아닌 것도 지니지 말지니라.

이러한 까닭으로 여래께서 항상 말씀하시기를,「너희 비구들은 내가 설한 법

이 뗏목에 비유한 것과 같은 줄을 알라
고 하셨나니, 법도 오히려 버려야 하거
늘 하물며 법이 아닌 것은 말할 것이 있
겠는가?」하였느니라.』

 ⊙ 제칠분 얻을 것도 설한 것도 없음
『수보리야, 어떻게 생각하느냐. 여래가
아뇩다라삼먁삼보리를 얻었다 하겠느
냐? 여래가 법을 설하였다 하겠느냐?』
 수보리가 말씀드리기를,
『제가 부처님께서 말씀하신 뜻을 알기
로는 일정한 법을 아뇩다라삼먁삼보리
라고 이름할 것이 없고 또한 일정한 법
을 여래께서 말씀하신 바가 없습니다.
왜냐하면 여래께서 말씀하신 법은 취할

수도 없고 말할 수도 없고, 법도 아니고, 법 아닌 것도 아니기 때문입니다. 그것은 바로 모든 현인·성인들께서 무위의 법으로써 여러 가지 차별을 두었기 때문입니다.』

⊙ 제팔분 법에 의지하여 출생함

『수보리야, 어떻게 생각하느냐. 만약 어떤 사람이 삼천대천세계를 칠보로 가득 채워 보시한다면, 이 사람이 얻는 복덕은 얼마나 많겠느냐?』

수보리가 말씀드리기를,

『매우 많겠나이다. 세존이시여, 왜냐하면 이 복덕은 곧 복덕의 성품이 아니기 때문에 여래께서 복덕이 많다고 말씀하셨습니다.』

『만약 또 어떤 사람이 이 경 가운데서
네 글귀로 된 한 게송만이라도 받아 지
니고, 다른 사람을 위하여 일러 준다면,
그 복덕은 칠보로 보시한 복덕보다도 더
수승하리라.

　왜냐하면 수보리야, 일체의 모든 부처
님과 모든 부처님의 아뇩다라삼먁삼보
리법이 모두 다 이 경에서 나왔기 때문
이니라. 수보리야, 이른바 불법이라는
것도 곧 불법이 아니니라.』

　　⊙ 제구분　일체의 생을 여윔
『수보리야, 어떻게 생각하느냐. 수다원
이 생각하기를,

「나는 수다원과를 얻었다.」하겠느냐?』

수보리가 말씀드리기를,

『아닙니다. 세존이시여, 왜냐하면 수다원은 성인의 흐름 속에 들었다고는 하지만 사실은 들어간 일이 없습니다. 빛·소리·냄새·맛·닿음·법에 들어가지 않으므로 이름을 수다원이라 합니다.』

『수보리야, 어떻게 생각하느냐. 사다함이 생각하기를 「내가 사다함과를 얻었다.」하겠느냐?』

수보리가 말씀드리기를,

『아닙니다. 세존이시여, 왜냐하면 사다함은 한번 왕래한다 하지만 사실은 왕래함이 없으므로 이름을 사다함이라 합니다.』

『수보리야, 어떻게 생각하느냐. 아나함이 생각하기를「내가 아나함과를 얻었다.」하겠느냐?』

수보리가 말씀드리기를,

『아닙니다. 세존이시여, 왜냐하면 아나함은 다시 오지 않는다고 하지만, 사실은 다시 오지 아니함이 없으므로 이름을 아나함이라 합니다.』

『수보리야, 어떻게 생각하느냐. 아라한이 생각하기를,

「내가 아라한의 도를 얻었다.」하겠느냐?』

수보리가 말씀드리기를,

『아닙니다. 세존이시여, 왜냐하면 사실

은 아무 법도 있지 않은 것을 아라한이라 이름하기 때문입니다.

세존이시여, 만일 아라한이 생각하기를, 「내가 아라한과를 얻었다.」한다면, 이것은 곧 나다, 사람이다, 중생이다, 오래 산다는 생각에 빠져드는 것입니다.

세존이시여, 부처님께서 저에게 「다툼 없는 삼매를 얻은 사람 가운데서 제일이다.」라고 말씀하셨는데, 이것이 첫째가는 욕심 없는 아라한이지만,

세존이시여, 저는 욕심 없는 아라한이라고 생각하지 않습니다.

세존이시여, 제가 만일 생각하기를, 「내가 아라한의 도를 얻었다.」한다면

세존께서는 수보리에게 아란나행을 좋아하는 자라고 말씀하시지 않으시나 수보리가 실제로는 행하는 바가 없기 때문에 수보리는 아란나행을 좋아하는 이라고 이름하셨습니다.』

⊙ 제십분 정토를 장엄함

부처님께서 수보리에게 이르시길,

『어떻게 생각하느냐. 여래가 옛날에 연등불 회상에서 얻은 법이 있겠느냐?』

『아닙니다. 세존이시여, 여래께서 연등불회상에서 실로 얻은 법이 없습니다.』

『수보리야, 어떻게 생각하느냐. 보살이 불국토를 장엄하겠느냐?』

『아닙니다. 세존이시여, 왜냐하면 불

국토가 장엄하다는 것은 곧 장엄이 아니며, 그 이름이 장엄입니다.』

『그러므로 수보리야, 모든 보살마하살들은 마땅히 이렇게 청정한 마음을 낼지니 마땅히 형상에 머물러서 마음을 내지 말고, 소리·냄새·맛·닿음·법에 머물러서 마음을 내지도 말아야 할지니, 마땅히 아무 데에도 머무름 없이 그 마음을 낼 것이니라.』

『수보리야, 비유하건대 만일 어떤 사람의 몸이 수미산만 하다면 너는 어떻게 생각하느냐, 이 몸을 크다고 하겠느냐?』

수보리가 말씀드리기를,

『대단히 큽니다. 세존이시여, 왜냐하면

부처님께서 말씀하시는 큰 몸은 몸이 아니므로 그 이름이 큰 몸이라 하셨습니다.』

⊙ 십일분 무위의 복은 수승함

『수보리야, 항하 가운데에 있는 모래 수처럼 많은 항하가 있다면 어떻게 생각하느냐. 이 모든 항하의 모래 수가 많다고 하지 않겠느냐?』

수보리가 말씀드리기를,

『대단히 많겠습니다. 세존이시여, 다만 저 모든 항하들만 하여도 수없이 많은 것이온데, 하물며 그 모래 수는 얼마나 많겠습니까?』

『수보리야, 내가 지금 너에게 진실로 이르노니 만약 어떤 선남자 선여인이 그

렇게 많은 항하의 모래 같이 많은 삼천
대천세계를 칠보로 가득히 채워서 보시
한다면, 그 복덕이 많지 않겠느냐?』
　수보리가 말씀드리기를,
『대단히 많겠습니다. 세존이시여.』
　부처님께서 수보리에게 이르시기를,
『만일 선남자나 선여인이 이 경 가운데
에서 네 글귀로 된 한 게송만이라도 받
아 지니고, 다른 사람을 위하여 일러준
다면 그 복덕은 앞에 말한 칠보로 보시
한 복덕보다도 더 수승하느니라.』

　⊙ 제십이분　바른 가르침을 존중함
『또 수보리야, 어디에서나 이 경을 말
할 때, 네 글귀로 된 한 게송만이라도 말

한다면, 마땅히 알라. 그곳은 일체 세간의 하늘·인간·아수라들이 다 응당히 공경하기를 부처님의 탑묘와 같이 할 것인데 하물며 어떤 사람이 이 경을 능히 받아 지녀 읽고 외운다면 말할 것이 있겠느냐.

수보리야, 마땅히 알라. 이 사람은 가장 높고 제일 희유한 법을 성취한 것이니, 만일 이 경전이 있는 곳이면 곧 부처님이 계신 곳이 되고 존중 받는 제자가 있는 곳이 되느니라.』

⊙ 제십삼분 법다이 받아 지님

그때 수보리가 부처님께 말씀드리기를, 『세존이시여, 이 경의 이름을 무엇이라고 하며, 저희들은 어떻게 받들어 지녀야 합니까?』

부처님께서 수보리에게 이르시길,

『이 경의 이름은「금강반야바라밀경」이니, 이 이름으로 너희들이 받들어 지닐지니라. 왜냐하면 수보리야, 부처님께서 반야바라밀이라고 말하는 것은 곧 반야바라밀이 아니라 그 이름이 반야바라밀이니라.

수보리야, 어떻게 생각하느냐. 여래가 설하신 법이 있겠느냐?』

수보리가 부처님께 말씀드리기를,

『세존이시여, 여래께서는 아무것도 설하신 바가 없습니다.』

『수보리야, 어떻게 생각하느냐. 삼천대천세계에 있는 모든 먼지가 많다고 하지 않겠느냐?』

수보리가 말씀드리기를,

『심히 많습니다. 세존이시여.』

『수보리야, 여래께서 설하신 모든 먼지는 먼지가 아니요 그 이름이 먼지이며, 여래가 설하신 세계도 세계가 아니라 그 이름이 세계라 하느니라.

수보리야, 어떻게 생각하느냐. 가히 삼십이상으로 여래를 볼 수 있지 않겠느냐?』

『아니옵니다. 세존이시여, 가히 삼십이상으로는 여래를 볼 수 없습니다. 왜냐하면 여래께서 삼십이상이라고 말씀하시는 것은 곧 상이 아니오라 그 이름이 삼십이상입니다.』

『수보리야, 만일 어떤 선남자나 선여인이 항하의 모래 수와 같이 많은 목숨을 보시하였더라도, 또 어떤 사람이 이 경 가운데서 네 글귀로 된 한 게송만이라도 받아 지녀 다른 사람을 위하여 일러준다면 이 복이 앞의 복보다 매우 많으니라.』

⊙ 제십사분 상을 떠나 적멸에 듦

그때에 수보리가 이 경에 대한 말씀을 듣고 그 뜻을 깊이 잘 이해하고 눈물을 흘리며 부처님께 말씀드리기를,

『희유하십니다. 세존이시여, 부처님께

서 이렇게 심히 깊은 경전을 말씀하시는 것을 제가 예로부터 오면서 얻은 지혜의 눈으로는 일찍이 이와 같은 경을 얻어 듣지 못하였습니다. 세존이시여, 만일 어떤 사람이 이 경의 말씀을 듣고 믿는 마음이 청정하면 곧바로 실상을 알 것이니, 이 사람이 마땅히 제일 희유한 공덕을 성취한 것임을 알겠습니다.

세존이시여, 이 실상은 상이 아니므로 여래께서 그 이름을 실상이라고 하셨습니다. 세존이시여, 제가 이제 이와 같은 경전을 얻어 듣고 그대로 믿고 알아 받아 지니는 것은 어렵지 않습니다만, 만약 이 다음 세상 후오백세에 어떤 중생이 이 경을 얻어 듣고 그대로 믿고 알아 받아 지니게 되면 그 사람이 곧 제일 희유하겠습니다. 왜냐하면 나라는 생각도 없고, 사람이라는 생각도 없고, 중생이라는 생각도 없고, 오래 산다는 생각도 없기 때문입니다.

왜냐하면, 나라는 생각은 곧 상이 아니요, 사람이다, 중생이다, 오래 산다는 생각도 곧 상이 아니기 때문입니다.

왜냐하면 일체의 모든 상을 여읜 것을 부처님이라 이름하기 때문입니다.』

부처님께서 수보리에게 이르시길,

『그렇다, 그렇다. 만일 어떤 사람이 이 경을 듣고서도, 놀라지도 않으며, 겁내지도 않으며, 두려워하지도 않으면, 이 사람은 참으로 희유한 사람인 줄 알아야 하느니라. 왜냐하면 수보리야, 여래께서 설하시는 제일바라밀이란 제일바라밀이 아니라 그 이름이 제일바라밀이기 때문이니라.

수보리야, 인욕바라밀도 여래께서 말씀하시는 것은 인욕바라밀이 아니라 그 이름을 인욕바라밀이라 하시느니라.

왜냐하면 수보리야, 내가 옛날 가리왕에게 몸을 갈기갈기 찢김을 당할 때에도 나라는 생각도 없었고, 사람이라는 생각도 없었고, 중생이라는 생각도 없었고, 오래 산다는 생각도 없었느니라.

왜냐하면 내가 지난날 갈기갈기 사지가 찢길 적에 만약 나라는 생각, 사람이라는 생각, 중생이라는 생각, 오래 산다는 생각이 있었다면 마땅히 성내고 원망하였을 것이기 때문이니라.

수보리야, 또 생각하니 과거 오백생 동안 인욕선인이 되었을 때에도 나라는 생각이 없고, 사람이라는 생각도 없고, 중생이라는 생각도 없고 오래 산다는 생각도 없었느니라.

그러므로 수보리야, 보살은 마땅히 모든 상을 떠나서 아뇩다라삼먁삼보리심을 낼 것이니, 마땅히 형상에 머물러서 마음을 내지 말며, 마땅히 소리·냄새·

맛·닿음·법에 머물러서 마음을 내지도 말아야 되며, 마땅히 머무르는 바 없이 마음을 낼 것이니 만약 마음에 머무름이 있으면, 곧 머무름이 아니니라.

그러므로 부처님께서 이르시길,「보살은 마땅히 마음을 형상에 머무르지 말고 보시하라.」하셨느니라.

수보리야, 보살은 일체 중생을 이익되게 하기 위하여 이와 같이 보시를 해야 할 것이니라. 여래께서 설하신 일체 모든 상은 곧 상이 아니며 또한 온갖 중생이라 말씀하신 것도 곧 중생이 아니니라.

수보리야, 여래는 참된 말만 하는 이며, 실다운 말만 하는 이며, 여여한 말만

하는 이며, 속이지 않는 말만 하는 이며, 다르지 아니한 말만 하는이니라.

수보리야, 여래가 얻은 이 법은 진실하지도 허망하지도 않느니라.

수보리야, 만일 보살이 마음을 법에 머물러서 보시를 한다면, 어두운 곳에 들어가는 사람이 곧 아무것도 볼 수 없는 것과 같고, 만일 보살이 마음을 법에 머물지 않고 보시한다면, 눈 밝은 사람이 밝은 햇빛 아래서 가지가지의 사물을 보는 것과 같느니라. 수보리야, 미래 세상에 만약 어떤 선남자 선여인이 능히 이 경을 받아 지니고 읽고 외우면 곧 여래께서는 부처님의 지혜로써 이 사람을 다 알고 다 보나니 한량없고 가이 없는 공덕을 모두 다 성취하게 되느니라.』

⊙ 제십오분 경을 지니는 공덕

『수보리야, 어떤 선남자나 선여인이 아침에 항하의 모래 수같이 많은 몸으로 보시하고, 한낮에 또 항하의 모래 수같이 많은 몸으로 보시하고 저녁에도 역시 항하의 모래 수같이 많은 몸으로 보시하기를 한량없는 백천만억 겁 동안 몸으로 보시한다 해도 만일 또 어떤 사람이 이 경전을 듣고 믿는 마음으로 따르기만 하여도 그 복은 저 복보다 더 수승하느니라. 어찌 이 경을 쓰고, 받아 지녀 읽고 외우고 다른 사람을 위하여 해설하여 줌

이야 말할 것이 있겠느냐.

수보리야, 중요한 것을 들어서 말하면 이 경은 가히 생각할 수도 없고, 가히 헤아릴 수 없는 한없는 공덕이 있느니라. 여래는 대승의 마음을 낸 사람들을 위하여 이 경을 설하며, 최상승의 마음을 낸 사람들을 위하여 설하느니라.

만일 어떤 사람이 능히 받아 지녀 읽고 외우고 다른 사람을 위하여 널리 일러주면 여래께서는 이 사람을 다 알고, 이 사람을 다 보나니, 이 사람은 한량없고, 말할 수도 없고, 끝이 없고, 생각할 수도 없는 큰 공덕을 얻느니라. 이와 같은 사람들은 여래의 아뇩다라삼먁삼보리를 짊어짐이 되느니라.

왜냐하면 수보리야, 만약 소승법을 좋아하는 사람은 나라는 소견, 사람이라는 소견, 중생이라는 소견, 오래 산다는 소견에 빠져들어 곧 이 경을 능히 듣지도 지니지도 읽지도 외우지도 못하고 다른 사람에게 해설하여 주지도 못하느니라.

수보리야 어느 곳이든지 만약 이 경이 있는 곳이면 모든 세간의 하늘·사람·아수라가 마땅히 공양을 올려야 할 바이니, 마땅히 알라. 이곳은 부처님의 탑을 모신 곳과 같으므로 모두가 마땅히 공경하고 예배하고 주위를 돌면서 모든 꽃과 향으로 그곳을 덮어야 함이니라.』

⊙ 제십육분 능히 업장을 맑힘

『또 수보리야, 선남자 선여인이 이 경을 받아지녀 읽고 외우는 데도 다른 사람에게 가벼이 업신여김을 받게 된다면 이 사람은 전생의 죄업으로 마땅히 악도에 떨어질 것이지만, 금세에 다른 사람에게 가벼이 업신여김을 받는 까닭으로 전생의 죄업이 곧 소멸되고 마땅히 아뇩다라삼먁삼보리를 얻을 것이니라.

수보리야, 나는 과거 한량없는 아승지겁 동안 연등불 회상에 들기전 팔백사천만억 나유타 수의 모든 부처님을 만나서 모두 다 공양하고 받들어 섬기며 그냥 지나쳐 버린 적이 없었느니라.

만일 또 어떤 사람이 이 다음 말세에, 능히 이 경을 받아 지니고 읽고 외운다면 그 공덕은 내가 모든 부처님께 공양한 공덕으로는 백분의 일에도 미치지 못하고, 천만억분 내지 어떤 수의 비유로도 능히 미치지 못하느니라.

수보리야, 만일 선남자 선여인이 이 다음의 말세에 이 경을 받아 지니고 읽고 외워서 얻는 공덕을 내가 모두 말한다면, 혹 이 말을 듣는 사람은 마음이 산란하여 의심하고 믿지 않으리라.

수보리야, 마땅히 알라. 이 경의 뜻은 가히 생각할 수도 없고 그 과보도 또한 가히 생각할 수 없느니라.』

⊙ 제십칠분 마침내 나도 없음

그때에 수보리가 부처님께 말씀드리기를,

『세존이시여, 선남자나 선여인이 아뇩다라삼먁삼보리심을 내고는 마땅히 어떻게 머물며, 어떻게 그 마음을 항복시켜야 합니까?』

부처님께서 수보리에게 이르시길,

『만약 선남자나 선여인 중 아뇩다라삼먁삼보리심을 낸 사람은 마땅히 이와 같이 마음을 낼지니라.

「내가 마땅히 일체 중생을 멸도에 이르도록 다 제도하리라. 일체 중생을 멸도에 이르도록 제도하였으나 한 중생도 참으로 멸도에 이르도록 제도된 사람은 없다.」하라.

왜냐하면 수보리야,

만일 보살이 나라는 생각, 사람이라는 생각, 중생이라는 생각, 오래 산다는 생각이 있다면 곧 보살이 아니기 때문이니라.

이러한 까닭으로 수보리야. 실제로는 어떤 법이 있어 아뇩다라삼먁삼보리심을 일으킨 사람이 없기 때문이니라.

수보리야, 어떻게 생각하느냐.

여래가 연등부처님 처소에서 어떤 법이 있어서 아뇩다라삼먁삼보리를 얻은 것이 있겠느냐?』

『없습니다. 세존이시여, 제가 아는 바

로는 부처님께서 말씀하신 뜻은 부처님
께서 연등부처님 처소에서 어떤 법이 있
어 아뇩다라삼먁삼보리를 얻은 것이 아
닙니다.』

　부처님께서 이르시길,

『그렇다, 그렇다. 수보리야, 참으로 어
떤 법이 있어서 여래께서 아뇩다라삼먁
삼보리를 얻은 것이 아니니라.

　수보리야, 만일 어떤 법이 있어 여래께
서 아뇩다라삼먁삼보리를 얻은 것이 있
다면 연등부처님께서 곧 나에게 수기를
주시면서,

「네가 다음 세상에 마땅히 부처를 이루
어 호를 석가모니라 하리라.」 하지 않으

셨을 것인데, 참으로 어떤 법이 있어서 아
뇩다라삼먁삼보리를 얻는 것이 없으므
로, 연등부처님께서 나에게 수기하시기를
「네가 다음 세상에 마땅히 부처를 이루어
호를 석가모니라 하리라.」하셨느니라.

왜냐하면, 여래란 곧 모든 법이 여여하
다는 뜻이니라.

만일 어떤 사람이 말하기를,

「여래께서 아뇩다라삼먁삼보리를 얻
었다.」라고 하더라도 수보리야, 실제로
는 어떤 법이 있어 여래께서 아뇩다라삼
먁삼보리를 얻은 것은 없느니라.

수보리야, 여래께서 얻은 아뇩다라삼
먁삼보리는 그 가운데 참된 것도 없고

허망한 것도 없느니라. 그러므로 여래께서 이르시길「모든 법은 모두 다 불법이다.」라고 하시느니라.

수보리야, 일체법이란 것은 곧 일체법이 아니므로 이름을 일체법이라 하느니라. 수보리야, 비유하건대, 사람의 몸이 대단히 크다는 것과도 같느니라.』

수보리가 말씀드리기를,

『세존이시여, 여래께서 말씀하신 사람의 몸이 대단히 크다는 것은 곧 큰 몸이 아니라 그 이름이 큰 몸입니다.』

『수보리야, 보살도 또한 이와 같으니 만일 말하기를「내가 마땅히 한량없는 중생을 멸도에 이르도록 제도했노라.」한다면 곧 보살이라 이름하지 못하느니라.

왜냐하면 수보리야, 참으로 어떤 법도 없는 것을 보살이라 이름하기 때문이니라.

왜냐하면 부처님께서 말씀하시길,「일체법에는 나라는 것도 없고, 사람이라는 것도 없고, 중생이라는 것도 없고, 오래 산다는 것도 없다.」라고 하셨느니라.

수보리야, 만일 보살이 말하기를,
「내가 마땅히 불국토를 장엄했노라.」한다면 이는 보살이라 이름하지 못하리라. 왜냐하면 여래께서 말씀하시는 불국토를 장엄한다 함은 장엄이 아니라 그이름이 장엄이기 때문이니라.

수보리야, 만일 보살이 무아(無我)의 법

에 막힘없이 환히 통하면 여래께서 말씀
하시길 이름하여 참으로 보살이라 할 것
이니라.』

⊙ 제십팔분 일체를 하나로 봄
『수보리야, 어떻게 생각하느냐. 여래가
육안이 있느냐?』
『그러하옵니다. 세존이시여, 여래께서
는 육안이 있습니다.』
『수보리야, 어떻게 생각하느냐. 여래가
천안이 있느냐?』
『그러하옵니다. 세존이시여, 여래께서
는 천안이 있습니다.』
『수보리야, 어떻게 생각하느냐. 여래가
혜안이 있느냐?』

『그러하옵니다. 세존이시여, 여래께서
는 혜안이 있습니다.』

『수보리야, 어떻게 생각하느냐. 여래가
법안이 있느냐?』

『그러하옵니다. 세존이시여, 여래께서
는 법안이 있습니다.』

『수보리야, 어떻게 생각하느냐. 여래가
불안이 있느냐?』

『그러하옵니다. 세존이시여, 여래께서
는 불안이 있습니다.』

『수보리야, 어떻게 생각하느냐. 항하
가운데 있는 모래를 부처님이 모래라고
말한 적이 있느냐?』

『그러하옵니다. 세존이시여, 여래께서

는 모래라고 말씀하셨습니다.』

『수보리야, 어떻게 생각하느냐. 한 항하의 모래 수가 많은 것 같이 그렇게 많은 항하가 있고 이 여러 항하 가운데 있는 모래 수와 같은 부처님 세계가 있다면, 이러한 부처님 세계들은 얼마나 많겠느냐?』

『대단히 많겠습니다. 세존이시여.』

부처님께서 수보리에게 이르시길,

『그렇게 많은 국토 가운데에 있는 중생들의 여러 가지 마음을 여래께서 다 아느니라.

왜냐하면, 여래께서 말씀하신 모든 마음은 다 마음이 아니고, 그 이름이 마음

이기 때문이니라. 어찌된 까닭인고 하면
수보리야,

  과거의 마음도 얻을 수 없고,

  현재의 마음도 얻을 수 없고,

  미래의 마음도 얻을 수 없기 때문이니라.』

⊙ 제십구분 법계를 통화함

『수보리야, 어떻게 생각하느냐. 만일
어떤 사람이 삼천대천세계를 칠보로 가
득 채워서 보시한다면, 이 사람은 이 인
연으로 받는 복이 많지 않겠느냐?』

『그러하옵니다. 세존이시여, 이 사람은
이 인연으로 받는 복이 대단히 많겠습
니다.』

『수보리야, 만일 참으로 복덕이 있는

것이라면 여래께서 복덕이 많다고 말하
지 않으시겠지만 복덕이 없는 것이므
로 여래께서 복덕이 많다고 말씀하시느
니라.』

⊙ 제이십분 색과 상을 여읨

『수보리야, 어떻게 생각하느냐. 부처님
을 충분히 갖추어진 형상이 있는 몸으로
써 볼 수 있느냐?』

『아닙니다. 세존이시여, 여래는「충분
히 갖추어진 형상이 있는 몸」으로는 볼
수 없습니다. 왜냐하면 여래께서 말씀하
시는「충분히 갖추어진 형상이 있는 몸」
이란 곧「충분히 갖추어진 형상이 있는
몸」이 아니라 그 이름이「충분히 갖추어

진 형상이 있는 몸」이기 때문입니다.』

『수보리야, 어떻게 생각하느냐. 여래를 충분히 갖추어진 형상으로 볼 수 있느냐?』

『아닙니다. 세존이시여, 여래를 「충분히 갖추어진 모든 형상」으로는 볼 수 없습니다. 왜냐하면 여래께서 말씀하시는 「모든 모습이 충분히 갖추어짐」이라고 하시는 것은 곧 「모든 모습이 충분히 갖추어짐」이 아니라, 그 이름을 「모든 모습이 충분히 갖추어짐」이라고 합니다.』

⊙ 제이십일분 설하나 설한 바가 없음
『수보리야, 너는 또 여래께서 생각하시기를,

「내가 마땅히 설한 바 법이 있다.」라고 하지 말아라. 이러한 생각을 하지 말아라. 왜냐하면 만일 어떤 사람이 「여래께서 설한 바 법이 있다.」라고 하면 곧 부처님을 비방하는 것이 되고 능히 나의 설한 바를 이해하지 못하는 까닭이니라.

수보리야, 법을 설한다는 것은 가히 설할 만한 법이 없는 것을 말하니 이것을 설법이라 이름하느니라.』

그때에 혜명 수보리가 부처님께 말씀드리기를,

『세존이시여, 어떠한 중생이든지 간에 다음 세상에 이러한 법을 설함을 듣고, 믿는 마음을 내겠습니까?』

부처님께서 말씀하시기를,

『수보리야, 저들은 중생이 아니고, 중생 아님도 아니니라. 왜냐하면 수보리야, 「중생이 중생이다.」라고 하는 것은 여래께서 중생이 아니기에 그 이름을 중생이라 말씀하시느니라.』

⊙ 제이십이분 법은 가히 얻을 것이 없음

　수보리가 부처님께 말씀드리기를,

『세존이시여, 부처님께서 아뇩다라삼먁삼보리를 얻었다 함은 얻은 바가 없음이 되는 것입니까?』

　부처님께서 이르시기를,

『그렇다, 그렇다. 수보리야, 내가 아뇩다라삼먁삼보리에 조그마한 법도 가히

얻은 것이 없으니 이것을 아뇩다라삼먁
삼보리라 이름하느니라.』

⊙ 제이십삼분 맑은 마음으로
　　　　　　선법을 행함

『또 수보리야, 이 법은 평등하여 높고
낮음이 없으니, 이러한 것을 아뇩다라삼
먁삼보리라 이름하느니라.

나라는 것도 없고, 사람이라는 것도 없
고, 중생이라는 것도 없고, 오래 산다는
것도 없이 모든 선법을 닦으면 곧 아뇩
다라삼먁삼보리를 얻게 되느니라.

수보리야, 선법이란 여래께서 곧 선법
아님을 말씀하시는 것이니, 그 이름을
선법이라 하느니라.』

⊙ 제이십사분 복과 지혜는 견줄 수 없음

『수보리야, 만일 어떤 사람이 삼천대천세계 가운데 모든 수미산왕들만한 칠보 덩어리로 보시하더라도 만약 다른 사람이 이 반야바라밀경에서 네 글귀로 된 한 게송만이라도 받아지니고 읽고 외우며 다른 사람을 위하여 일러 준다면, 앞의 복덕으로는 백분의 일에도 미치지 못하며 백천만억분의 일에도 미치지 못하며 온갖 셈이나 비유로도 능히 다 미칠 수 없느니라.』

⊙ 제이십오분 가르쳐도 가르친 바 없음

『수보리야, 어떻게 생각하느냐. 너희들은 여래께서 생각하시기를,

「내가 마땅히 중생을 제도한다.」라고 하지 말아라.

수보리야, 그러한 생각을 하지 말아라. 왜냐하면 참으로 어떠한 중생도 여래께서 제도할 자가 없느니라.

만일 여래께서「제도할 중생이 있다.」고 한다면 여래께서는 곧 나다, 사람이다, 중생이다, 오래 산다는 것이 있음이 되느니라.

수보리야, 여래께서 설하시는 나라는 것은 곧 내가 있지 않음이니 다만 범부들이 내가 있다고 하느니라.

수보리야, 범부라 하는 것도 여래께서 설하신 곧 범부 아님을 말함이니 그 이름을 범부라 하느니라.』

⊙ 제이십육분 법신은 상이 아님
『수보리야, 어떻게 생각하느냐. 가히
삼십이상으로써 여래를 볼 수 있느냐?』
수보리가 말씀드리기를,
『그러하옵니다. 삼십이상으로써 여래
를 볼 수 있습니다』
부처님께서 이르시기를,
『수보리야, 만약 삼십이상으로써 여래
를 볼 수 있다면, 전륜성왕도 곧 여래라
고 하겠구나.』
수보리가 부처님께 말씀드리기를,
『세존이시여, 제가 부처님께서 말씀하
시는 뜻을 알기로는 삼십이상으로써는

여래를 볼 수 없습니다.』

  그때 세존께서 게송으로 이르시길,

「만일 형상으로 부처를 보거나

  음성으로 부처를 찾는다면

  이 사람은 삿된 도를 행함이니

  능히 여래를 볼 수 없으리.」

  ⊙ 제이십칠분 끊음도 사라짐도 아님

『수보리야, 네가 만일 생각하기를,

「여래께서 충분히 갖추어진 모습을 쓰
지 않음으로써 아뇩다라삼먁삼보리를
얻으셨도다.」 하겠느냐. 수보리야「여래
께서 충분한 갖추어진 모습을 쓰지 않음
으로써 아뇩다라삼먁삼보리를 얻으셨
도다.」라고는 생각하지 말지니라.

수보리야, 네가 만일 생각하기를 「아뇩다라삼먁삼보리심을 낸 사람은 모든 법이 다 단멸하는 것으로 말하는구나.」라고 하지 말아라. 왜냐하면 아뇩다라삼먁삼보리심을 낸 사람은 법에 있어서 단멸상을 말하지 않기 때문이니라.』

⊙ 제이십팔분 받지도 탐하지도 않음
『수보리야, 만일 보살이 항하의 모래수와 같은 세계에 칠보로써 가득히 채워서 보시한다고 하더라도, 만일 또 다른 사람이 일체법에 나 없음을 알아 무생법인의 지혜를 이루어 얻는다면 이 보살의 공덕은 앞의 보살이 얻은 바 공덕보다도 더 수승하느니라.

왜냐하면 수보리야, 모든 보살들은 복덕을 받지 않기 때문이니라.』

수보리가 부처님께 말씀드리기를,

『세존이시여, 어떤 연유로 보살이 복덕을 받지 않습니까?』

『수보리야,「보살은 지은 바 복덕에 마땅히 탐착하지 않느니라. 그러므로 복덕을 받지 않는다.」라고 하느니라.』

⊙ 제이십구분 위의가 적정함

『수보리야, 만일 어떤 사람이 말하기를「여래께서 만일 오기도 하고, 가기도 하고, 앉기도 하고, 눕기도 한다.」라고 한다면 이러한 사람은 내가 말한 뜻을 알지 못함이니라.

왜냐하면 여래란, 어디로부터 온 바가 없으며, 또한 어디로 가는 것도 없으므로 여래라고 이름하느니라.』

⊙ 제삼십분 이치와 상은 하나임
『수보리야, 만일 선남자나 선여인이 삼천대천세계를 부수어「작은 티끌」로 만든다면, 어떻게 생각하느냐, 이「작은 티끌」들이 많다고 하겠느냐?』
수보리가 말씀드리기를,
『대단히 많습니다. 세존이시여, 왜냐하면 만약 이「작은 티끌」들이 참으로 있는 것이라면 부처님께서 이것을「작은 티끌」들이 많다고 하지 아니하였을 것입니다.

어찌된 까닭인고 하면 부처님께서 말씀하시는「작은 티끌」들은 곧「작은 티끌」들이 아니라 그 이름이「작은 티끌」들 입니다. 세존이시여 여래께서 말씀하신 바 삼천대천세계도 곧 세계가 아니라 그 이름이 세계입니다.

왜냐하면 만약 세계가 참으로 있는 것이라면 곧 그것은 하나로 된 모습이기 때문입니다.

여래께서 말씀하시는 하나로 된 모습은 곧 하나로 된 모습이 아니라 그 이름을 하나로 된 모습이라 하셨습니다.』

『수보리야,「하나로 된 모습」은 곧 말로는 가히 말할 수 없는 것이지만 단지

범부들이 그 일을 탐착하느니라.』

⊙ 제삼십일분 지견을 안 세움

『수보리야, 만일 어떤 사람이 말하기를,
「부처님께서 나라는 소견, 사람이라는
소견, 중생이라는 소견, 오래 산다는 소
견을 말씀하셨다.」라고 한다면,

수보리야, 어떻게 생각하느냐? 이 사람
이 내가 말한 뜻을 안다고 하겠느냐?』

『아니옵니다. 세존이시여, 이 사람은 여
래께서 말씀하시는 뜻을 알지 못합니다.

왜냐하면, 세존께서 말씀하시는 나라
는 소견, 사람이라는 소견, 중생이라는
소견, 오래 산다는 소견은 곧 나라는 소
견, 사람이라는 소견, 중생이라는 소견,

오래 산다는 소견이 아니고 그 이름이 나라는 소견, 사람이라는 소견, 중생이라는 소견, 오래 산다는 소견입니다.』

『수보리야, 아뇩다라삼먁삼보리의 마음을 낸 이는 법에 대하여 마땅히 이렇게 알고, 이렇게 보고, 이렇게 믿고, 이해하며「법이라는 상」을 내지 않아야 되느니라. 수보리야,「법이라는 상」도 여래가 곧「법이라는 상」아님을 설하는 것이니 그 이름을「법이라는 상」이라 하느니라.』

⊙ 제삼십이분 응신 · 화신은 참됨이 아님

『수보리야, 만일 어떤 사람이 한량없는 아승지세계에 칠보로 가득히 채워서

보시한다고 하더라도, 만일 어떤 선남자
나 선여인이 보살심을 낸 이가 있어 이
경을 지니되 네 글귀로 된 한 게송만이
라도 받아지녀 읽고 외우며 다른 사람을
위하여 잘 일러주면 그 복은 저 복보다
도 더 수승하리라.

어떻게 하는 것이 다른 사람을 위하여
잘 일러주는 것인가? 상을 취하지 않고
여여하여 움직이지 않는 것이니라.

왜냐하면,

일체의 인연 따라 화합하는

모든 현상은 꿈 · 환상 · 물거품 ·

그림자 같고

이슬 같고 또한 번갯불 같나니

마땅히 이와 같이 볼지니라.』

부처님께서 이 경을 설하여 마치시니, 장로수보리와 여러 비구, 비구니, 우바새, 우바이와 모든 세간의 하늘, 사람, 아수라들이 부처님의 말씀을 듣고 모두가 크게 기뻐하며 믿고 받아 받들어 행하였다.

불설아미타경
佛 說 阿 彌 陀 經

여시아문 일시 불재사위국기수
如是我聞 一時 佛在舍衛國祇樹

급고독원 여대비구승 천이백오십
給孤獨園 與大比丘僧 千二百五十

인구 개시 대아라한 중소지식
人俱 皆是 大阿羅漢 衆所知識

장로사리불 마하목건련 마하가
長老舍利弗 摩訶目揵連 摩訶迦

섭 마하가전연 마하구치라 이바다
葉 摩訶迦旃延 摩訶俱絺羅 離婆多

주리반타가 난타 아난타 라후라
周利槃陀伽 難陀 阿難陀 羅睺羅

교범바제 빈두로파라타 가류타
憍梵波提 賓頭盧頗羅墮 迦留陀

이 마하겁빈나 박구라 아누루타
夷 摩訶劫賓那 薄拘羅 阿㝹樓馱

여시등 제대제자 병제보살마하살
如是等 諸大弟子 幷諸菩薩摩訶薩

문수사리법왕자 아일다보살 건
文殊師利法王子 阿逸多菩薩 乾

타하제보살 상정진보살 여여시등
陀訶提菩薩 常精進菩薩 與如是等

제대보살 급석제환인등 무량제
諸大菩薩 及釋提桓因等 無量諸

천대중 구
天大衆 俱

이시 불고 장로사리불 종시서방
爾時 佛告 長老舍利弗 從是西方

과십만억불토 유세계 명왈극락
過十萬億佛土 有世界 名曰極樂

기토 유불 호아미타 금현재설법
其土 有佛 號阿彌陀 今現在說法

사리불 피토 하고 명위극락 기
舍利弗 彼土 何故 名爲極樂 其

국중생 무유중고 단수제락 고명
國衆生 無有衆苦 但受諸樂 故名

극락
極樂

우 사리불 극락국토 칠중난순
又 舍利弗 極樂國土 七重欄楯

칠중라망 칠중항수 개시사보 주
七重羅網 七重行樹 皆是四寶 周

잡위요 시고 피국 명위극락
匝圍繞 是故 彼國 名爲極樂

우 사리불 극락국토 유칠보지
又 舍利弗 極樂國土 有七寶池

팔공덕수 충만기중 지저 순이금
八功德水 充滿其中 池底 純以金

사 포지 사변계도 금 은 유리 파
沙 布地 四邊階道 金 銀 琉璃 頗

려 합성 상유누각 역이 금 은 유
黎 合成 上有樓閣 亦以 金 銀 琉

리 파려 자거적주마노 이엄식지
璃 頗黎 硨磲赤珠瑪瑙 而嚴飾之

지중연화 대여거륜 청색청광 황
池中蓮華 大如車輪 青色青光 黃

색황광 적색적광 백색백광 미묘
色黃光 赤色赤光 白色白光 微妙

향결 사리불 극락국토 성취여시
香潔 舍利弗 極樂國土 成就如是

공덕장엄
功德莊嚴

우 사리불 피불국토 상작천악
又 舍利弗 彼佛國土 常作天樂

황금위지 주야육시 우천만다라
黃金爲地 晝夜六時 雨天曼多羅

화 기토중생 상이청단 각이의극
華 其土衆生 常以淸旦 各以衣裓

성중묘화 공양타방 십만억불 즉
盛衆妙華 供養他方 十萬億佛 卽

이식시 환도본국 반사경행 사리
以食時 還到本國 飯食經行 舍利

불 극락국토 성취여시 공덕장엄
弗 極樂國土 成就如是 功德莊嚴

부차 사리불 피국 상유종종기묘
復次 舍利弗 彼國 常有種種奇妙

잡색지조 백학 공작 앵무사리
雜色之鳥 白鶴 孔雀 鸚鵡舍利

가릉빈가 공명지조 시제중조 주
迦陵頻伽 共命之鳥 是諸衆鳥 晝

야 육시 출화아음 기음연창 오
夜 六時 出和雅音 其音演暢 五

근오력 칠보리분 팔성도분 여시
根五力 七菩提分 八聖道分 如是

등법 기토중생 문시음이 개실염
等法 其土衆生 聞是音已 皆悉念

불 염법 염승 사리불 여물위 차
佛 念法 念僧 舍利弗 汝勿謂 此

조 실시죄보소생 소이자하 피불
鳥 實是罪報所生 所以者何 彼佛

국토 무삼악도 사리불 기불국토
國土 無三惡道 舍利弗 其佛國土

상무악도지명 하황유실 시제중
尙無惡道之名 何況有實 是諸衆

조 개시아미타불 욕령법음선류
鳥 皆是阿彌陀佛 欲令法音宣流

변화소작 사리불 피불국토 미풍
變化所作 舍利弗 彼佛國土 微風

취동 제보항수 급보라망 출미묘
吹動 諸寶行樹 及寶羅網 出微妙

음 비여백천종악 동시구작 문시
音 譬如百千鍾樂 同時俱作 聞是

음자 자연개생염불 염법 염승지
音者 自然皆生念佛 念法 念僧之

심 사리불 기불국토 성취여시
心 舍利弗 其佛國土 成就如是

공덕장엄
功德莊嚴

사리불 어 여의운하 피불 하고
舍利弗 於 汝意云何 彼佛 何故 號

호아미타 사리불 피불 광명무량
阿彌陀 舍利弗 彼佛 光明無量

조시방국 무소장애 시고 호위아
照十方國 無所障礙 是故 號爲阿

미타
彌陀

우 사리불 피불 수명 급기인민
又 舍利弗 彼佛 壽命 及其人民

무량무변 아승지겁 고명아미타
無量無邊 阿僧祇劫 故名阿彌陀

사리불 아미타불 성불이래 어금
舍利弗 阿彌陀佛 成佛以來 於今

십겁
十劫

우 사리불 피불 유무량무변성문
又 舍利弗 彼佛 有無量無邊聲聞

제자 개아라한 비시산수지소능
弟子 皆阿羅漢 非是算數之所能

지 제보살중 역부여시 사리불
知 諸菩薩衆 亦復如是 舍利弗

피불국토 성취여시 공덕장엄
彼佛國土 成就如是 功德莊嚴

우 사리불 극락국토 중생생자
又 舍利弗 極樂國土 衆生生者

개시아비발치 기중 다유일생보처
皆是阿韓跋致 其中 多有一生補處

기수심다 비시산수 소능지지 단
其數甚多 非是算數 所能知之 但

가이무량무변 아승지설
可以無量無邊 阿僧祇說

사리불 중생문자 응당발원 원생
舍利弗 衆生聞者 應當發願 願生

피국 소이자하 득여여시제상선
彼國 所以者何 得與如是諸上善

인 구회일처
人 俱會一處

사리불 불가이소선근복덕인연
舍利弗 不可以少善根福德因緣

득생피국 사리불 약유선남자선
得生彼國 舍利弗 若有善男子善

여인 문설아미타불 집지명호 약
女人 聞說阿彌陀佛 執持名號 若

일일 약이일 약삼일 약사일 약
一日 若二日 若三日 若四日 若

오일 약육일 약칠일 일심불란
五日 若六日 若七日 一心不亂

324 독경편

기인 임명종시 아미타불 여제성
其 人 臨 命 終 時 阿 彌 陀 佛 與 諸 聖

중 현재기전 시인종시 심불전도
衆 現 在 其 前 是 人 終 時 心 不 顚 倒

즉득왕생 아미타불 극락국토
卽 得 往 生 阿 彌 陀 佛 極 樂 國 土

사리불 아견시리 고설차언 약유중
舍 利 弗 我 見 是 利 故 說 此 言 若 有 衆

생 문시설자 응당발원 생피국토
生 聞 是 說 者 應 當 發 願 生 彼 國 土

사리불 여아금자 찬탄아미타불
舍 利 弗 如 我 今 者 讚 歎 阿 彌 陀 佛

불가사의공덕지리 동방 역유아
不 可 思 議 功 德 之 利 東 方 亦 有 阿

촉비불 수미상불 대수미불 수미
閦 鞞 佛 須 彌 相 佛 大 須 彌 佛 須 彌

광불 묘음불 여시등 항하사수제
光 佛 妙 音 佛 如 是 等 恒 河 沙 數 諸

불 각어기국 출광장설상 변부삼
佛 各 於 其 國 出 廣 長 舌 相 遍 覆 三

천대천세계 설성실언 여등중생
千大千世界 說誠實言 汝等衆生

당신시칭찬불가사의공덕 일체
當信是稱讚不可思議功德 一切

제불 소호념경
諸佛 所護念經

사리불 남방세계 유일월등불 명
舍利弗 南方世界 有日月燈佛 名

문광불 대염견불 수미등불 무량
聞光佛 大燄肩佛 須彌燈佛 無量

정진불 여시등 항하사수제불 각
精進佛 如是等 恒河沙數諸佛 各

어기국 출광장설상 변부삼천대
於其國 出廣長舌相 遍覆三千大

천세계 설성실언 여등중생 당신
千世界 說誠實言 汝等衆生 當信

시칭찬불가사의공덕 일체제불
是稱讚不可思議功德 一切諸佛

소호념경
所護念經

사리불 서방세계 유무량수불 무
舍利弗 西方世界 有無量壽佛 無

량상불 무량당불 대광불 대명불
量相佛 無量幢佛 大光佛 大明佛

보상불 정광불 여시등 항하사수
寶相佛 淨光佛 如是等 恒河沙數

제불 각어기국 출광장설상 변부
諸佛 各於其國 出廣長舌相 遍覆

삼천대천세계 설성실언 여등중
三千大千世界 說誠實言 汝等衆

생 당신시칭찬불가사의공덕 일
生 當信是稱讚不可思議功德 一

체제불 소호념경
切諸佛 所護念經

사리불 북방세계 유염견불 최승
舍利弗 北方世界 有燄肩佛 最勝

음불 난저불 일생불 망명불 여
音佛 難沮佛 日生佛 網明佛 如

시등 항하사수제불 각어기국
是等 恒河沙數諸佛 各於其國

출광장설상 변부삼천대천세계
出　廣　長　舌　相　　遍　覆　三　千　大　千　世　界

설성실언 여등중생 당신시칭찬
說　誠　實　言　汝　等　衆　生　　當　信　是　稱　讚

불가사의공덕 일체제불 소호
不　可　思　議　功　德　　一　切　諸　佛　　所　護

념경
念　經

사리불 하방세계 유사자불 명문
舍　利　弗　下　方　世　界　有　獅　子　佛　名　聞

불 명광불 달마불 법당불 지법
佛　名　光　佛　達　磨　佛　法　幢　佛　持　法

불 여시등 항하사수제불 각어기
佛　如　是　等　恒　河　沙　數　諸　佛　各　於　其

국 출광장설상 변부삼천대천세
國　出　廣　長　舌　相　遍　覆　三　千　大　千　世

계 설성실언 여등중생 당신시칭
界　說　誠　實　言　汝　等　衆　生　當　信　是　稱

찬불가사의공덕 일체제불 소호
讚　不　可　思　議　功　德　一　切　諸　佛　所　護

념경
念經

사리불 상방세계 유범음불 숙왕
舍 利 弗　上 方 世 界　有 梵 音 佛　宿 王

불 향상불 향광불 대염견불 잡
佛　香 上 佛　香 光 佛　大 燄 肩 佛　雜

색보화엄신불 사라수왕불 보화
色 寶 華 嚴 身 佛　娑 羅 樹 王 佛　寶 華

덕불 견일체의불 여수미산불 여
德 佛　見 一 切 義 佛　如 須 彌 山 佛　如

시등 항하사수제불 각어기국 출
是 等　恒 河 沙 數 諸 佛　各 於 其 國　出

광장설상 변부삼천대천세계 설
廣 長 舌 相　遍 覆 三 千 大 千 世 界　說

성실언 여등중생 당신시칭찬불
誠 實 言　汝 等 衆 生　當 信 是 稱 讚 不

가사의공덕 일체제불 소호념경
可 思 議 功 德　一 切 諸 佛　所 護 念 經

사리불 어여의운하 하고 명위일
舍 利 弗　於 汝 意 云 何　何 故　名 爲 一

체제불 소호넘경 사리불 약유선
切 諸佛 所護念經 舍利弗 若有善

남자선여인 문시경 수지자 급문
男子善女人 聞是經 受持者 及聞

제불명자 시제선남자선여인 개
諸佛名者 是諸善男子善女人 皆

위일체제불지소호넘 개득불퇴전
爲一切諸佛之所護念 皆得不退轉

어아뇩다라삼먁삼보리 시고 사
於阿耨多羅三藐三菩提 是故 舍

리불 여등 개당신수아어 급제불
利弗 汝等 皆當信受我語 及諸佛

소설
所說

사리불 약유인 이발원 금발원 당
舍利弗 若有人 已發願 今發願 當

발원 욕생아미타불국자 시제인등
發願 欲生阿彌陀佛國者 是諸人等

개득불퇴전 어아뇩다라삼먁삼보
皆得不退轉 於阿耨多羅三藐三菩

리 어피국토 약이생 약금생 약당
提 於 彼 國 土 若 已 生 若 今 生 若 當

생 시고 사리불 제선남자선여인
生 是 故 舍 利 弗 諸 善 男 子 善 女 人

약유신자 응당발원 생피국토
若 有 信 者 應 當 發 願 生 彼 國 土

사리불 여아금자 칭찬제불 불가
舍 利 弗 如 我 今 者 稱 讚 諸 佛 不 可

사의공덕 피제불등 역칭찬아불
思 議 功 德 彼 諸 佛 等 亦 稱 讚 我 不

가사의공덕 이작시언 석가모니
可 思 議 功 德 而 作 是 言 釋 迦 牟 尼

불 능위심난희유지사 능어사바
佛 能 爲 甚 難 希 有 之 事 能 於 娑 婆

국토 오탁악세 겁탁견탁 번뇌탁
國 土 五 濁 惡 世 劫 濁 見 濁 煩 惱 濁

중생탁 명탁중 득아뇩다라삼막
衆 生 濁 命 濁 中 得 阿 耨 多 羅 三 藐

삼보리 위제중생 설시일체세간
三 菩 提 爲 諸 衆 生 說 是 一 切 世 間

난신지법
難 信 之 法

사리불 당지 아어오탁악세 행차
舍 利 弗　當 知　我 於 五 濁 惡 世　行 此

난사 득아뇩다라삼먁삼보리 위
難 事　得 阿 耨 多 羅 三 藐 三 菩 提　爲

일체세간 설차난신지법 시위심난
一 切 世 間　說 此 難 信 之 法　是 爲 甚 難

불설차경이 사리불 급제비구 일
佛 說 此 經 已　舍 利 弗　及 諸 比 丘　一

체세간 천인 아수라등 문불소설
切 世 間　天 人　阿 修 羅 等　聞 佛 所 說

환희신수 작례이거
歡 喜 信 受　作 禮 而 去

우리말 불설아미타경

이와 같이 내가 들었다. 어느 때 부처님께서 천이백오십 인의 큰 비구들과 함께 사위국의 기수급고독원에 계시었다. 이 비구들은 모두 덕 높은 아라한으로 잘 알려진 이들이었다.

곧 장로사리불 · 마하목건련 · 마하가섭 · 마하가전연 · 마하구치라 · 이바다 · 주리반타가 · 난타 · 아난타 · 라후라 · 교범바제 · 빈두로파라타 · 가류타이 · 마하겁빈나 · 박구라 · 아누루타 등 여러 큰 제자들이었으며 또 여러 보살마하살인 문수사리법왕자 · 아일다보살 ·

건타하제보살·상정진보살 등 여러 대
보살과 또한 제석천왕을 비롯한 여러 천
왕들이 함께 있었다.

이때 부처님께서 장로사리불에게 말씀
하셨다.

『여기서 서쪽으로 십만억 불국토를 지
나가면 한 세계가 있으니 극락이라 하
며, 그곳에 부처님이 계신데 이름을 아
미타불이라 하고 지금도 그곳에서 법을
설하고 계신다.

사리불아, 그곳을 왜 극락이라 하느냐
하면, 그 나라에는 중생들이 겪는 괴로
움이 없으며 오직 갖가지 즐거움만 있기
때문이다. 그래서 극락이라 한다.

또 사리불아, 극락세계에는 일곱 겹의 난간·일곱 겹의 구슬발 그리고 일곱 겹의 가로수가 있으며 이것은 모두 네 가지 보석으로 장엄되어 있어 그곳을 극락이라 한다.

또 사리불아, 극락세계에는 칠보로 된 연못이 있어 팔공덕수가 넘쳐 흐르며 연못 바닥에는 순금 모래가 깔려 있다. 사방의 길과 계단은 금·은·유리·파려로 만들었으며 그 위에 누각이 있으니 역시 금·은·유리·파려·자거·붉은 구슬로 아름답게 장엄했다.

연못에 핀 연꽃은 큰 수레바퀴 만하며 푸른 연꽃은 푸르게 빛나고 노란 연꽃은

황금색으로 빛나고 붉은 연꽃은 붉게 빛
나고 흰 연꽃은 희게 빛나고 미묘한 향
기가 나며 정결하다.

사리불아, 극락세계는 이와 같이 생겼
으며 공덕으로 장엄되어 있다.

또 사리불아, 그 불국토에는 항상 하늘
음악이 들리고 대지는 황금으로 이루어져
있으며 밤낮으로 만다라 꽃비가 내린다.

그곳 중생들은 늘 이른 아침에 바구니
에 갖가지 꽃을 담아서 다른 세계의 십만
억 부처님께 공양을 올리고 아침 식사 때
돌아와서 식사를 마치고 산책을 한다.

사리불아, 극락세계는 이와 같은 공덕
으로 장엄되어 있다.

또 사리불아, 그곳에는 늘 갖가지 기묘한 백학·공작·앵무새·사리새·가릉빈가·공명새 등 여러 새들이 있어 주야로 화평하고 아름답게 노래를 한다.

그 소리는 오근·오력 그리고 칠보리분과 팔정도 등의 법문이므로 그곳 중생들은 그 소리를 듣고 모두 부처님을 생각하고 법문을 생각하고 스님네를 생각하게 된다.

사리불아, 이 새들이 죄를 지은 업보로 새가 되었다고 생각하지 말아라.

왜냐하면 그 불국토에는 삼악도가 없으며 더구나 삼악도라는 이름조차 없는데 어찌 죄보로 태어나는 축생이 있겠느냐.

이 여러 새들은 모두 아미타불께서 법문을 널리 펴기 위해 화현으로 만든 것이다.

사리불아, 그 불국토에 미풍이 불면 갖가지 보배로 장엄된 가로수와 구슬발이 미묘한 소리를 내어 마치 백 천 가지의 악기를 연주하는 것 같으며 이 소리를 들은 사람은 모두 저절로 부처님을 생각하고 법문을 생각하고 스님네를 생각하는 마음이 생긴다.

사리불아, 그 불국토는 이렇게 이루어져 있으며 공덕으로 장엄되어 있다.

사리불아, 그 부처님을 왜 아미타불이라 하는지 그대는 아느냐.

사리불아, 그 부처님의 광명이 한량없

이 시방의 여러 나라를 비추되 걸림이 없기 때문에 아미타불이라 한다.

또 사리불아, 그 부처님의 수명과 그곳 중생들의 수명이 한량없고 무한한 아승지겁이므로 아미타불이라 한다.

사리불아, 아미타불께서 성불하신 지 지금까지 십겁이며 또 부처님의 성문 제자가 한없이 많고 많은데 모두 아라한들이며 이는 숫자로 헤아릴 수 없다. 여러 보살 대중 역시 그러하다.

사리불아, 그 불국토는 이렇게 이루어져 있으며 공덕으로 장엄되어 있다.

또 사리불아, 극락세계에 태어나는 중생들은 모두 보리심이 굳건하여 이들 중에는 일생만 지내면 부처님의 지위에 오를 사람이 수없이 많아 숫자로는 셀 수 없어 단지 무량무변 아승지라고 할 수밖에 없다.

사리불아, 이 말을 듣는 중생들은 마땅히 원을 세워 저 불국토에 나기를 발원해야한다.

왜냐하면 최고의 성인들과 더불어 한 곳에서 지낼 수 있기 때문이다.

사리불아, 조그마한 선근이나 복덕·인연만으로는 그 불국토에 나기 어렵다.

어떤 선남자 선여인이 아미타불의 이야기를 듣고 혹 하루나 이틀 혹은 사흘·나흘·닷새 혹은 엿새·이레 동안

일심으로 아미타불의 명호를 외우면 그 사람이 명이 다해 임종할 때 아미타불께서 여러 성중을 거느리시고 그 앞에 나타나신다.

그 사람이 명을 마칠 때 마음만 뒤바뀌지 않는다면 즉시 아미타불 국토에 왕생하게 될 것이다.

사리불아, 이런 이익이 있음을 알고 내가 이와 같이 설하는 것이니 혹 어떤 중생이 이 말을 듣거든 마땅히 저 불국토에 나기를 발원해야 할 것이다.

사리불아, 내가 지금 이와 같이 아미타불의 불가사의한 공덕을 찬탄한 것처럼 동방에는 아촉비불과 수미상불·대수미불·수미광불·묘음불이 계시다.

이와 같이 항하의 모래 수만큼의 여러 부처님이 각 불국토에 광장설로 삼천대천세계에 널리 퍼지도록 진실한 법문을 설하고 계시다.

이 가르침을 그대 중생들이 마땅히 믿고 불가사의한 공덕을 찬탄하면 여러 부처님께서 호념해 주시는 가르침이다.

사리불아, 남방세계에서도 일월등불·명문광불·대염견불·수미등불·무량정진불이 계신다.

이와 같이 항하의 모래 수만큼의 여러 부처님이 각 불국토에서 광장설로 삼천대천세계에 널리 퍼지도록 진실한 법문을 설하고 계신다.

이 가르침을 그대 중생들이 마땅히 믿고 불가사의한 공덕을 찬탄하면 여러 부처님께서 호념해 주시는 가르침이다.

사리불아, 서방세계에서도 무량수불·무량상불·무량당불·대광불·보상불·정광불이 계신다.

이와 같이 항하의 모래 수만큼의 여러 부처님이 각 불국토에서 광장설로 삼천대천세계에 널리 퍼지도록 진실한 법문을 설하고 계신다.

이 가르침을 그대 중생들이 마땅히 믿고 불가사의한 공덕을 찬탄하면 여러 부처님께서 호념해 주시는 가르침이다.

사리불아, 북방세계에서도 염견불·최승음불·난저불·일생불·망명불이 계신다.

이와 같이 항하의 모래 수만큼의 여러 부처님이 각 불국토에서 광장설로 삼천대천세계에 널리 퍼지도록 진실한 법문을 설하고 계신다.

이 가르침을 그대 중생들이 마땅히 믿고 불가사의한 공덕을 찬탄하면 여러 부처님께서 호념해 주시는 가르침이다.

사리불아, 하방세계에서도 사자불·명문불·명광불·달마불·법당불·지법불이 계신다.

이와 같이 항하의 모래 수만큼의 여러 부처님이 각 불국토에서 광장설로 삼천대천세계에 널리 퍼지도록 진실한 법문을 설하고 계신다.

이 가르침을 그대 중생들이 마땅히 믿고 불가사의한 공덕을 찬탄하면 여러 부처님께서 호념해 주시는 가르침이다.

사리불아, 상방세계에서도 범음불·숙왕불·향상불·향광불·대염견불·잡색보화엄신불·사라수왕불·보화덕불·견일체의불·여수미산불이 계시며 이와 같이 항하의 모래 수만큼의 여러 부처님이 각 불국토에서 광장설로 삼천대천세계에 널리 퍼지도록 진실한 법문을 설하고 계신다.

이 가르침을 그대 중생들이 마땅히 믿

고 불가사의한 공덕을 찬탄하면 여러 부처님께서 호념해 주시는 가르침이다.

사리불아, 어찌하여 여러 부처님께서 호념해 주시는 가르침이라 하는지 알겠느냐.

사리불아, 혹 어떤 선남자와 선여인이 이 경을 듣고 받아 지니거나 여러 부처님의 명호를 듣는다면 여러 부처님께서 이 선남자 선여인들을 모두 다 호념해 주시어 바른 깨달음에서 물러나지 않게 되기 때문이다.

그러므로 사리불아, 그대들은 마땅히 나와 여러 부처님이 설하신 법문을 믿고 받아지녀야 한다.

사리불아, 어떤 사람이 아미타국토에 나기를 이미 발원했거나 지금 발원하거나 또는 장차 발원한다면 이 사람은 모두 아뇩다라삼먁삼보리에서 물러나지 않게 되어 그 불국토에 이미 태어났거나 지금 태어나거나 장차 태어날 것이다.

그러므로 사리불아, 여러 선남자 선여인이 만약 이를 믿는다면 마땅히 불국토에 나기를 발원해야 한다.

사리불아, 내가 지금 여러 부처님의 불가사의한 공덕을 칭찬하듯이 저 부처님들도 '석가모니불께서는 매우 어렵고 희유한 일을 하셨다. 사바세계의 겁탁·견탁·번뇌탁·중생탁·명탁 등 오탁

의 악세 가운데서 아뇩다라삼먁삼보리
를 얻고 중생들을 위해 일체 세간에서
믿기 어려운 법을 설하시었다.'고 나의
불가사의한 공덕을 찬탄하신다.

  사리불아, 마땅히 알라.

  내가 오탁의 악세에서 이처럼 어려운
일을 하고 바른 깨달음을 얻어 일체 세
간을 위해 믿기 어려운 이 법을 설하기
는 매우 어려운 일이다.』

  부처님께서 이 경을 설하시고 나자 사
리불과 여러 비구들과 일체 세간의 천·
인·아수라들이 부처님의 설법을 듣고
매우 기뻐하며 이를 받아 지니고 예배한
후 물러갔다.

원각경보안보살장
圓覺經普眼菩薩章

어시 보안보살 재대중중 즉종좌
於 是 普 眼 菩 薩 在 大 衆 中 卽 從 座

기 정례불족 우요삼잡 장궤차수
起 頂 禮 佛 足 右 遶 三 匝 長 跪 叉 手

이백불언
而 白 佛 言

대비세존 원위차회 제보살중 급
大 悲 世 尊 願 爲 此 會 諸 菩 薩 衆 及

위말세 일체중생 연설보살 수행
爲 末 世 一 切 衆 生 演 說 菩 薩 修 行

점차 운하사유 운하주지 중생
漸 次 云 何 思 惟 云 何 住 持 衆 生

미오 작하방편 보령개오
未 悟 作 何 方 便 普 令 開 悟

세존 약피중생 무정방편 급정사
世 尊 若 彼 衆 生 無 正 方 便 及 正 思

유 문불여래 설차삼매 심생미민
惟 聞佛如來 設此三昧 心生迷悶

즉어원각 불능오입 원흥자비 위
卽於圓覺 不能悟入 願興慈悲 爲

아등배 급말세중생 가설방편 작
我等輩 及末世衆生 假說方便 作

시어이 오체투지 여시삼청 종이
是語已 五體投地 如是三請 終而

부시
復始

이시 세존 고보안보살언 선재선
爾時 世尊 告普眼菩薩言 善哉善

재 선남자 여등 내능위제보살
哉 善男子 汝等 乃能爲諸菩薩

급말세중생 문어여래수행점차
及末世衆生 問於如來修行漸次

사유주지 내지가설 종종방편 여
思惟住持 乃至假說 種種方便 汝

금제청 당위여설 시 보안보살 봉
今諦聽 當爲汝說 時 普眼菩薩 奉

교환희 급제대중 묵연이청
敎 歡 喜　及 諸 大 衆　默 然 而 聽

선남자 피신학보살 급말세중생
善 男 子　彼 新 學 菩 薩　及 末 世 衆 生

욕구여래정원각심 응당정념 원
欲 求 如 來 淨 圓 覺 心　應 當 正 念　遠

리제환
離 諸 幻

선의여래사마타행 견지금계 안
先 依 如 來 奢 摩 他 行　堅 持 禁 戒　安

처도중 연좌정실 항작시념 아금
處 徒 衆　宴 坐 靜 室　恒 作 是 念　我 今

차신 사대화합 소위발모조치 피
此 身　四 大 和 合　所 謂 發 毛 瓜 齒　皮

육근골 수뇌구색 개귀어지 타체
肉 筋 骨　髓 腦 垢 色　皆 歸 於 地　唾 涕

농혈 진액연말 담루정기 대소변
膿 血　津 液 涎 沫　淡 淚 精 氣　大 小 便

리 개귀어수 난기귀화 동전귀풍
利　皆 歸 於 水　煖 氣 歸 火　動 轉 歸 風

사대각리 금자망신 당재하처 즉
四大各離 今者亡身 當在何處 卽

지차신 필경무체 화합위상 실동
知此身 畢竟無體 和合爲相 實同

환화 사연가합 망유육근 육근사
幻化 四緣假合 妄有六根 六根四

대 중외합성 망유연기 어중적취
大 中外合成 妄有緣氣 於中積聚

사유연상 가명위심
似有緣相 假名爲心

선남자 차허망신 약무육진 즉불
善男子 此虛妄心 若無六塵 則不

능유 사대분해 무진가득 어중연
能有 四大分解 無塵可得 於中緣

진 각귀산멸 필경무유연심가견
塵 各歸散滅 畢竟無有緣心可見

선남자 피지중생 환신멸고 환심
善男子 彼之衆生 幻身滅故 幻心

역멸 환심멸고 환진역멸 환진멸
亦滅 幻心滅故 幻塵亦滅 幻塵滅

고 환멸역멸 환멸멸고 비환불멸
故 幻滅亦滅 幻滅滅故 非幻不滅

비여마경 구진명현
譬如磨鏡 垢盡明現

선남자 당지신심 개위환구 구상
善男子 當知身心 皆爲幻垢 垢相

영멸 시방청정
永滅 十方淸淨

선남자 비여청정마니보주 영어
善男子 譬如淸淨摩尼寶珠 映於

오색 수방각현 제우치자 견피마
五色 隨方各現 諸愚癡者 見彼摩

니 실유오색 선남자 원각정성
尾 實有五色 善男子 圓覺淨性

현어신심 수류각응 피우치자 설
現於身心 髓類各應 彼愚癡者 說

정원각 실유여시 신심자상 역부
淨圓覺 實有如是 身心自相 亦復

여시 유차 불능원어환화 시고
如是 由此 不能遠於幻化 是故

아설신심환구 대리환구 설명보
我 說 身 心 幻 垢　對 離 幻 垢　說 明 菩

살 구진대제 즉무대구 급설명자
薩　垢 盡 對 除　即 無 對 垢　及 說 名 者

선남자 차보살 급말세중생 증득
善 男 子　此 菩 薩　及 末 世 衆 生　證 得

제환 멸영상고 이시 변득무방청
諸 幻　滅 影 像 故　爾 時　便 得 無 方 清

정 무변허공 각소현발 각원명고
淨　無 邊 虛 空　覺 所 顯 發　覺 圓 明 故

현심청정 심청정고 견진청정 견
顯 心 淸 淨　心 淸 淨 故　見 塵 淸 淨　見

청정고 안근청정 근청정고 안식
淸 淨 故　眼 根 淸 淨　根 淸 淨 故　眼 識

청정 식청정고 문진청정 문청정
淸 淨　識 淸 淨 故　聞 塵 淸 淨　聞 淸 淨

고 이근청정 근청정고 이식청정
故　耳 根 淸 淨　根 淸 淨 故　耳 識 淸 淨

식청정고 각진청정 여시내지 비
識 淸 淨 故　覺 塵 淸 淨　如 是 乃 至　鼻

설신의 역부여시
舌身意 亦復如是

선남자 근청정고 색진청정 색청정
善男子 根清淨故 色塵清淨 色清淨

고 성진청정 향미촉법 역부여시
故 聲塵清淨 香味觸法 亦復如是

선남자 육진청정고 지대청정 지
善男子 六塵清淨故 地大清淨 地

청정고 수대청정 화대풍대 역부
清淨故 水大清淨 火大風大 亦復

여시
如是

선남자 사대청정고 십이처 십팔
善男子 四大清淨故 十二處 十八

계 이십오유청정 피청정고 십력
界 二十五有清淨 彼清淨故 十力

사무소외 사무애지 불십팔불공
四無所畏 四無碍智 佛十八不共

법 삼십칠조도품청정 여시내지
法 三十七助道品清淨 如是乃至

팔만사천다라니문 일체청정
八 萬 四 千 陀 羅 尼 門 一 切 淸 淨

선남자 일체실상 성청정고 일신
善 男 子 一 切 實 相 性 淸 淨 故 一 身

청정 일신청정고 다신청정 다
淸 淨 一 身 淸 淨 故 多 身 淸 淨 多

신청정고 여시내지시방중생 원
身 淸 淨 故 如 是 乃 至 十 方 衆 生 圓

각청정
覺 淸 淨

선남자 일세계청정고 다세계청
善 男 子 一 世 界 淸 淨 故 多 世 界 淸

정 다세계청정고 여시내지진어
淨 多 世 界 淸 淨 故 如 是 乃 至 盡 於

허공 원과삼세 일체평등 청정부동
虛 空 圓 裏 三 世 一 切 平 等 淸 淨 不 動

선남자 허공 여시평등부동 당지
善 男 子 虛 空 如 是 平 等 不 動 當 知

각성 평등부동 사대부동고 당지
覺 性 平 等 不 動 四 大 不 動 故 當 知

각성 평등부동 여시내지팔만사
覺性 平等不動 如是乃至八萬四

천다라니문 평등부동 당지각성
千陀羅尼門 平等不動 當知覺性

평등부동
平等不動

선남자 각성 변만 청정부동 원
善男子 覺性 偏滿 清淨不動 圓

무제고 당지육근 변만법계 근
無際故 當知六根 偏滿法界 根

변만고 당지육진 변만법계 진
偏滿故 當知六塵 偏滿法界 塵

변만고 당지사대 변만법계 여시
偏滿故 當知四大 偏滿法界 如是

내지다라니문 변만법계
乃至陀羅尼門 偏滿法界

선남자 유피묘각성 변만고 근성
善異子 由彼妙覺性 偏滿故 根性

진성 무괴무잡 근진 무괴고 여시
塵性 無壞無雜 根塵 無壞故 如是

내지다라니문 무괴무잡 여백천
乃 至 陀 羅 尼 門 無 壞 無 雜 如 百 千

등 광조일실 기광변만 무괴무잡
燈 光 照 一 室 其 光 偏 滿 無 壞 無 雜

선남자 각성취고 당지보살 불여
善 男 子 覺 成 就 故 當 知 菩 薩 不 與

법박 불구법탈 불염생사 불애열
法 縛 不 求 法 脫 不 厭 生 死 不 愛 涅

반 불경지계 부증훼금 부중구습
槃 不 敬 持 戒 不 憎 毁 禁 不 重 久 習

불경초학 하이고 일체각고 비여
不 輕 初 學 何 以 故 一 切 覺 故 譬 如

안광 효료전경 기광원만 득무증
眼 光 曉 了 前 境 其 光 圓 滿 得 無 憎

애 하이고 광체무이 무증애고 선
愛 何 以 故 光 體 無 二 無 憎 愛 故 善

남자 차보살 급말세중생 수습차
男 子 此 菩 薩 及 末 世 衆 生 修 習 此

심 득성취자 어차 무수 역무성취
心 得 成 就 者 於 此 無 修 亦 無 成 就

원각 보조 적멸무이 어중 백천만
圓覺 普照 寂滅無二 於中 百千萬

억아승지 불가설 항하사 제불세
億阿僧祇 不可說 恒河沙 諸佛世

계 유여공화 난기난멸 부즉불리
界 猶如空華 亂起亂滅 不卽不離

무박무탈 시지중생 본래성불 생
無縛無脫 始知衆生 本來成佛 生

사열반 유여작몽
死涅槃 猶如昨夢

선남자 여작몽고 당지 생사 급여
善男子 如昨夢故 當知 生死 及與

열반 무기무멸 무래무거 기소증
涅槃 無起無滅 無來無去 其所證

자 무득무실 무취무사 기능증자
者 無得無失 無取無捨 其能證者

무작무지 무임무멸 어차증중 무
無作無止 無任無滅 於此證中 無

능무소 필경무증 역무증자 일체
能無所 畢竟無證 亦無證者 一切

법성 평등불괴
法性 平等不壞

선남자 피제보살 여시수행 여시
善男子 彼諸菩薩 如是修行 如是

점차 여시사유 여시주지 여시방
漸次 如是思惟 如是住持 如是方

편 여시개오 구여시법 역불미민
便 如是開悟 求如是法 亦不迷悶

이시세존 욕중선차의 이설게언
爾時世尊 欲重宣此義 而設偈言

보안여당지　　일체제중생
普眼汝當知　　一切諸衆生

신심개여환　　신상속사대
身心皆如幻　　身相屬四大

심성귀육진　　사대체각리
心性歸六塵　　四大體各離

수위화합자　　여시점수행
誰爲和合者　　如是漸修行

일체실청정　　부동변법계
一切悉淸淨　　不動徧法界

360 독경편

무작지임멸　　　역무능증자
無作止任滅　　　亦無能證者

일체불세계　　　유여허공화
一切佛世界　　　猶如虛空華

삼세실평등　　　필경무래거
三世悉平等　　　畢竟無來去

초발심보살　　　급말세중생
初發心菩薩　　　及末世衆生

욕구입불도　　　응여시수습
欲求入佛道　　　應如是修習

우리말 원각경보안보살장

보안보살이 대중 가운데 있다가 자리에서 일어나 부처님 발에 절하고 바른편으로 세 번 돌고 꿇어앉아 합장하고 부처님께 여쭈었다.

『자비하신 세존이시여, 여기 모인 여러 보살과 말세의 모든 중생들을 위하여 보살이 수행할 차례를 말씀하여 주옵소서.

어떻게 생각하고 어떻게 머무를 것이며 중생들이 깨치지 못하면 어떠한 방편을 써야 두루 깨치도록 하겠나이까?

세존이시여, 만약 중생들이 바른 방편과 바른 생각이 없으면 부처님이 삼매

(三昧)를 말씀함을 듣더라도 마음이 아득하여 원각(圓覺)에 들어갈 수 없을 것이옵니다.

원컨대 자비를 드리우사 저희 무리들과 말세 중생들을 위하여 짐짓 방편을 말씀해 주소서.』

이 말을 사뢰고 몸을 땅에 던져 이와 같이 세 번 청하였다.

이때 부처님께서 보안보살에게 말씀하시었다.

『착하고 착하도다. 선남자여, 그대들이 이제 보살들과 말세 중생을 위하여 여래의 수행하는 차례와 생각과 머무름과 가지가지 방편을 묻는구나. 그럼 자세히 들어라. 그대들을 위하여 말하겠노라.』

보안보살은 분부를 받들어 기뻐서 모든 대중과 함께 조용히 듣고 있었다.

『선남자여, 처음으로 공부하는 보살과 말세 중생이 여래의 청정한 원각심(圓覺心)을 구하려면 생각을 바르게 하여 모든 환(幻)을 멀리 여의어야 할 것이니라.

먼저 여래의 사마타(奢摩他)행에 의지하여 계율을 견고하게 지키고 대중 가운데서 조용하게 지내며 고요한 방에 잠자코 앉아서 항상 이런 생각을 하라.

지금 나의 이 몸뚱이는 사대(四大)가 화합하여 된 것이다. 터럭·이·손톱·발톱·살갗·근육·뼈·골수·때·빛깔

들은 모두 흙으로 돌아갈 것이고, 침·콧물·고름·피·진액·거품·담·눈물·정기(精氣)·대소변 등은 모두 다 물로 돌아갈 것이며, 더운 기운은 불로 돌아갈 것이고 움직이는 기운은 바람으로 돌아갈 것이다.

사대가 뿔뿔이 흩어지면 이제 이 허망한 몸뚱이가 어디에 있으리요. 이 몸은 마침내 실체(實體)가 없는 것이고 화합하여 형상이 이루어졌으나 사실은 환(幻)으로 된 것임을 곧 알게 되리라.

네 가지 인연이 거짓으로 모여 망녕되이 육근이 있게 되고 육근과 사대가 안팎으로 합하여 이루어졌는데 허망되이 인연(因緣)기운이 그 안에 쌓이고 모여 인연상(因緣相)이 있는 것을 거짓 이름하여 마음이라 하느니라.

선남자여, 이 허망한 마음은 만약 육진(六塵)이 없으면 있지 못할 것이고 사대가 흩어지면 육진도 있지 못할 것이니라.

이 가운데 인연과 티끌이 뿔뿔이 흩어져 없어지면 마침내 인연의 마음도 볼 수 없으리라.

선남자여, 중생들은 환(幻)인 몸뚱이가 멸(滅)하므로 환인 마음도 멸하고 환인 마음이 멸하므로 환인 경계도 멸하고 환인 경계가 멸하므로 환의 멸도 또한 멸하고 환의 멸이 멸하므로 환이 아닌 것은 멸하지 않나니 이를테면 거울에 때(垢)가 없어지면 광명이 저절로 나타나는 것과 같느니라.

선남자여, 몸과 마음이 모두 환의 때이니 때가 아주 없어지면 시방세계가 청정함을 알 것이니라.

마치 깨끗한 마니보주(寶珠)에 오색이 비추면 그 빛에 따라 각기 다른 색이 나타나는 것을 어리석은 사람들은 그 보배구슬에 실제로 오색이 있는 줄 아는 것과 같느니라.

선남자여, 원각의 청정한 성품이 몸과 마음으로 나투어 종류를 따라 각기 응하나니 어리석은 사람들은 청정한 원각에 실제로 이런 몸과 마음의 모양이 있다고 잘못 인식하느니라.

이로 말미암아 환화(幻化)를 멀리 할 수 없으므로, 나는 몸과 마음을 환의 때〔幻垢〕라고 하나니 환의 때를 대하여 환인 때를 여의어야 보살이라 이름할 수 있으며, 때가 다하여 대할 것도 없어지면, 대(對)도 때(垢)도 없고 대니 때니 하는 이름도 없느니라.

선남자여, 이 보살과 말세 중생들이 모두 환(幻)을 증득하여 영상(影像)을 멸해 버렸기 때문에 이때 문득 끝없이 청정함을 얻나니 가없는 허공이 원각에서 나타난 바이니라.

그 깨달음이 원만하고 밝으므로 마음이 청정히 나타나고 마음이 청정하므로 보이는 경계가 청정하고 보이는 것이 청정하므로 눈이 청정하고 눈이 청정하므로 보는 알음알이가 청정하고 보는 알음알이가 청정하므로 들리는 경계가 청정하고 들리는 것이 청정하므로 귀가 청정하고 귀가 청정하므로 듣는 알음알이가 청정하여 느낌의 경계가 청정하니, 코·혀·몸·뜻에 있어서도 또한 이와 같느니라.

선남자여, 눈이 청정하므로 빛이 청정하고 빛이 청정하므로 소리가 청정하며 향기와 맛과 감촉과 법진(法塵)도 또한 이와 같느니라.

선남자여, 육진(六塵)이 청정하므로 지대(地大)가 청정하고 지대가 청정하므로 수대(水大)가 청정하며 화대(火大)·풍대(風大)도 이와 같느니라.

선남자여, 사대가 청정하므로 십이처(十二處)와 십팔계(十八界)와 이십오유(二十五有)가 청정하느니라.

이들이 청정하기 때문에 십력(十力)과 사무소외(四無所畏)와 사무애지(四無碍智)와 불십팔불공법(佛十八不共法)과 삼십칠조도품(三十七助道品)이 청정하며 이와 같이 팔만사천 다라니문(陀羅尼門)도 모두 청정하느니라.

선남자여, 모든 실상(實相)은 성품이 청정하기 때문에 한 몸이 청정하고 한 몸이 청정하므로 여러 몸이 청정하며 여러 몸이 청정하므로 시방(十方) 중생의 원각도 청정하느니라.

선남자여, 한 세계가 청정하므로 여러 세계가 청정하고 여러 세계가 청정하므로 마침내 허공과 삼세(三世)를 두루한 모든 것이 평등하고 청정해서 움직이지 않느니라.

선남자여, 허공이 이와 같이 평등하여 움직이지 않기 때문에 각성(覺性)이 평등하여 움직이지 않으며 사대가 움직이지 않으므로 각성이 평등하여 움직이지 않으며 이와 같이 팔만사천 다라니문이 평등하여 움직이지 않으므로 각성이 평등하여 움직이지 않는 줄을 알 것이니라.

선남자여, 각성이 두루 차고 청정하며 움직이지 않고 원만하여 끝이 없으므로 육근(六根)이 법계에 가득한 것임을 알라.

육근이 두루 차므로 육진(六塵)이 법계에 두루 참을 알고, 육진이 두루 차므로 사대가 법계에 두루 차며 이와 같이 다라니문이 법계에 두루 찬 것인 줄 알지니라.

선남자여, 미묘한 각성(覺性)이 두루 차므로 말미암아 근성(根性)과 진성(塵性)이 무너짐도 없고 뒤섞임도 없으며 근과 진이 무너짐이 없으므로 다라니문이 무너짐도 뒤섞임도 없는 것이니라.

마치 백천 등불이 한 방에 서로 비치면 그 불빛이 두루 가득하여 무너짐도 뒤섞임도 없는 것과 같느니라.

선남자여, 깨달음을 성취한 보살은 법(法)에 얽매이지도 않고 법에서 벗어나기를 구하지도 않으며, 나고 죽는 것을 싫어하지도 않고 열반을 좋아하지도 않으며, 계(戒)를 가지는 이를 공경하지도 않고 파계한 사람을 미워하지도 않으며, 오래 공부한 이를 소중히 여기지도 않고 처음 공부한 사람을 가벼이 여기지도 않나니 왜냐하면 온갖 것이 모두 원각이기 때문이니라.

이를테면 안광(眼光)이 앞을 비춤에 그 빛이 원만하여 사랑도 미움도 없는 것과 같나니 그 광명의 자체가 둘이 아니어서 사랑과 미움이 없기 때문이니라.

선남자여, 보살과 말세 중생이 이 마음을 닦아 성취하면 여기에는 닦을 것도 없고 성취할 것도 없으리니, 원각이 널리 비추고 적멸(寂滅)해서 차별이 없느니라.

이 가운데에는 백천만억 아승지겁에도 다 말할 수 없는 항하의 모래 수와 같은 모든 부처님 세계가 마치 허공 꽃이 어지럽게 일어나고 스러지는 것과 같아서, 즉(卽)하지도 여의지도 않으며 얽매임도 풀림도 없으리니, 비로소 중생이 본래

부처이고 생사와 열반이 지난밤 꿈과 같은 줄을 알 것이니라.

선남자여, 지난밤의 꿈 같으므로 생사와 열반이 일어나는 것도 없고 없어지는 것도 없으며 오는 것도 없고 가는 것도 없느니라.

그 증득된 바가 얻을 것도 없고 잃을 것도 없으며 취할 것도 없고 버릴 것도 없느니라.

또 증득하는 이가 일이킬 것도 없고 멈출 것도 없으며 맡길 것도 없고 멸할 것도 없느니라.

이와 같은 체험의 세계에는 주관도 없고 객관도 없어 마침내 깨칠 것도 없고 깨칠 사람도 없어서 모든 법의 성품이 평등하여 무너지치 않느니라.

선남자여, 모든 보살이 이렇게 닦을 것이고, 이와 같이 점점 나아지고 이렇게 생각할 것이며, 이렇게 머물러 가질 것이며 이와 같이 방편을 짓고 이렇게 깨달아야 되나니 이와 같은 법을 구하면 아득하거나 답답하지 않으리라.』

이때에 세존께서 이 뜻을 거듭 게송으로 말씀하시었다.

보안이시여, 그대 마땅히 알라.
시방 세계 모든 중생들의
몸과 마음이 모두 환(幻)과 같나니

몸뚱이는 사대로 이루어지고
마음은 육진(六塵)으로 돌아가거니
사대가 뿔뿔이 흩어지면
화합된 그 모양 어디에 있는 걸까.
이와 같이 차례로 닦아 나가면
모든 것이 다함께 청정하여서
요동하지 아니하고 온 법계에 두루
하나니
짓고 그치고 맡기고 멸할 것도 없으며
또한 증득할 것도 없는 것이니라.
모든 부처님의 세상일지라도
허공에 아물거리는 꽃과 같나니
삼세가 모두 함께 평등하여서
마침내 오고 감도 없는 것일세.

처음으로 발심(發心)한 보살이거나
말세의 모든 중생이
부처님의 문 안에 들고자 할진대
이와 같이 닦고 익힐지니라.

관세음보살보문품
觀世音菩薩普門品

이시 무진의보살 즉종좌기 편단
爾時 無盡意菩薩 卽從座起 偏袒

우견 합장향불 이작시언 세존
右肩 合掌向佛 而作是言 世尊

관세음보살 이하인연 명관세음
觀世音菩薩 以何因緣 名觀世音

불고무진의보살 선남자 약유무
佛告無盡意菩薩 善男子 若有無

량백천만억중생 수제고뇌 문시
量百千萬億衆生 受諸苦惱 聞是

관세음보살 일심칭명 관세음보
觀世音菩薩 一心稱名 觀世音菩

살 즉시 관기음성 개득해탈 약유
薩 卽時 觀其音聲 皆得解脫 若有

지시관세음보살명자 설입대화
持是觀世音菩薩名者 設入大火

화불능소 유시보살 위신력고 약
火不能燒 由是菩薩 威神力故 若

위대수소표 칭기명호 즉득천처
爲大水所漂 稱其名號 卽得淺處

약유백천만억중생 위구금 은 유
若有百千萬億衆生 爲求金 銀 琉

리 자거 마노 산호 호박 진주등
璃 硨磲 瑪瑙 珊瑚 琥珀 眞珠等

보 입어대해 가사흑풍 취기선방
寶 入於大海 假使黑風 吹其船妨

표타나찰귀국 기중 약유내지일
飄墮羅刹鬼國 其中 若有乃至一

인 칭관세음보살명자 시제인등
人 稱觀世音菩薩名者 是諸人等

개득해탈 나찰지난 이시인연 명
皆得解脫 羅刹之難 以是因緣 名

관세음
觀世音

약부유인 임당피해 칭관세음보
若復有人 臨當被害 稱觀世音菩

살명자 피소집도장 심단단괴 이
薩 名 者 彼 所 執 刀 杖 尋 段 段 壞 而

득해탈 약삼천대천국토 만중야
得 解 脫 若 三 千 大 千 國 土 滿 中 夜

차나찰 욕래뇌인 문기칭관세
叉 羅 刹 欲 來 惱 人 聞 其 稱 觀 世

음보살명자 시제악귀 상불능이
音 菩 薩 名 者 是 諸 惡 鬼 尚 不 能 以

악안시지 황부가해 설부유인 약
惡 眼 視 之 況 復 加 害 設 復 有 人 若

유죄 약무죄 추계가쇄 검계기신
有 罪 若 無 罪 杻 械 枷 鎖 檢 繫 其 身

칭관세음보살명자 개실단괴 즉
稱 觀 世 音 菩 薩 名 者 皆 悉 斷 壞 卽

득해탈 약삼천대천국토 만중원
得 解 脫 若 三 千 大 千 國 土 滿 中 怨

적 유일상주 장제상인 재지중보
賊 有 一 商 主 將 諸 商 人 齎 持 重 寶

경과험로 기중일인 작시창언 제
經 過 險 路 其 中 一 人 作 是 唱 言 諸

선남자 물득공포 여등 응당일심
善男子 勿得恐怖 汝等 應當一心

칭관세음보살명호 시보살 능이
稱觀世音菩薩名號 是菩薩 能以

무외 시어중생 여등 약칭명자
無畏 施於衆生 汝等 若稱名者

어차원적 당득해탈 중상인문 구
於此怨賊 當得解脫 衆商人聞 俱

발성언 나무관세음보살 칭기명
發聲言 南無觀世音菩薩 稱其名

고 즉득해탈 무진의 관세음보살
故 卽得解脫 無盡意 觀世音菩薩

마하살 위신지력 외외여시
摩訶薩 威神之力 巍巍如是

약유중생 다어음욕 상념공경 관
若有衆生 多於淫欲 常念恭敬 觀

세음보살 변득이욕 약다진에 상
世音菩薩 便得離欲 若多瞋恚 常

념공경 관세음보살 변득이진 약
念恭敬 觀世音菩薩 便得離瞋 若

다우치 상념공경 관세음보살 변
多愚癡 常念恭敬 觀世音菩薩 便

득이치 무진의 관세음보살 유여
得離癡 無盡意 觀世音菩薩 有如

시등대위신력 다소요익 시고
是等大威神力 多所饒益 是故

중생 상응심념 약유여인 설욕구
衆生 常應心念 若有女人 設欲求

남 예배공양 관세음보살 변생복
男 禮拜供養 觀世音菩薩 便生福

덕 지혜지남 설욕구녀 변생단정
德 智慧之男 設欲求女 便生端正

유상지녀 숙식덕본 중인애경 무
有相之女 宿植德本 衆人愛敬 無

진의 관세음보살 유여시력 약유
盡意 觀世音菩薩 有如是力 若有

중생 공경예배 관세음보살 복불
衆生 恭敬禮拜 觀世音菩薩 福不

당연 시고 중생 개응수지 관세음
唐捐 是故 衆生 皆應受持 觀世音

보살명호 무진의 약유인 수지육
菩薩名號 無盡意 若有人 受持六

십이억항하사 보살명자 부진형
十二億恒河沙 菩薩名字 復盡形

공양음식 의복 와구 의약 어여
供養飲食 衣服 臥具 醫藥 於汝

의운하 시 선남자선여인 공덕
意云何 是 善男子善女人 功德

다부 무진의언 심다 세존 불언
多不 無盡意言 甚多 世尊 佛言

약부유인 수지관세음보살명호
若復有人 受持觀世音菩薩名號

내지 일시 예배공양 시이인복
乃至 一時 禮拜供養 是二人福

정등무이 어백천만억겁 불가궁
正等無異 於百千萬億劫 不可窮

진 무진의 수지관세음보살명호
盡 無盡意 受持觀世音菩薩名號

득여시 무량무변 복덕지리
得如是 無量無邊 福德之利

무진의보살 백불언 세존 관세음
無盡意菩薩 白佛言 世尊 觀世音

보살 운하유차사바세계 운하이
菩薩 云何遊此娑婆世界 云何而

위중생설법 방편지력 기사운하
爲衆生說法 方便之力 其事云何

불고 무진의보살 선남자 약유국
佛告 無盡意菩薩 善男子 若有國

토중생 응이불신 득도자 관세음
土衆生 應以佛身 得度者 觀世音

보살 즉현불신 이위설법 응이벽
菩薩 即現佛身 而爲說法 應以辟

지불신 득도자 즉현벽지불신 이
支佛身 得度者 即現辟支佛身 而

위설법 응이성문신 득도자 즉현
爲說法 應以聲聞身 得度者 即現

성문신 이위설법 응이범왕신 득
聲聞身 而爲說法 應以梵王身 得

도자 즉현범왕신 이위설법 응이
度者 即現梵王身 而爲說法 應以

제석신 득도자 즉현제석신 이위
帝 釋 身　得 度 者　即 現 帝 釋 身　而 爲

설법 응이자재천신 득도자 즉현
說 法　應 以 自 在 天 身　得 度 者　即 現

자재천신 이위설법 응이대자재
自 在 天 身　而 爲 說 法　應 以 大 自 在

천신 득도자 즉현대자재천신 이
天 身　得 度 者　即 現 大 自 在 天 身　而

위설법 응이천대장군신 득도자
爲 說 法　應 以 天 大 將 軍 身　得 度 者

즉현천대장군신 이위설법 응이
即 現 天 大 將 軍 身　而 爲 說 法　應 以

비사문신 득도자 즉현비사문신
毘 沙 門 身　得 度 者　即 現 毘 沙 門 身

이위설법 응이소왕신 득도자 즉
而 爲 說 法　應 以 小 王 身　得 度 者　即

현소왕신 이위설법 응이장자신
現 小 王 身　而 爲 說 法　應 以 長 者 身

득도자 즉현장자신 이위설법 응
得 度 者　即 現 長 者 身　而 爲 說 法　應

이거사신 득도자 즉현거사신 이
以 居 士 身　得 度 者　卽 現 居 士 身　而

위설법 응이재관신 득도자 즉현
爲 說 法　應 以 宰 官 身　得 度 者　卽 現

재관신 이위설법 응이바라문신
宰 官 身　而 爲 說 法　應 以 婆 羅 門 身

득도자 즉현바라문신 이위설법
得 度 者　卽 現 婆 羅 門 身　而 爲 說 法

응이비구 비구니 우바새 우바이
應 以 比 丘　比 丘 尼　優 婆 塞　優 婆 夷

신 득도자 즉현비구 비구니 우
身　得 度 者　卽 現 比 丘　比 丘 尼　優

바새 우바이신 이위설법 응이장
婆 塞　優 婆 夷 身　而 爲 說 法　應 以 長

자 거사 재관 바라문 부녀신 득
者　居 士　宰 官　婆 羅 門　婦 女 身　得

도자 즉현부녀신 이위설법 응이
度 者　卽 現 婦 女 身　而 爲 說 法　應 以

동남동녀신 득도자 즉현동남동
童 男 童 女 身　得 度 者　卽 現 童 男 童

녀신 이위설법 응이천룡 야차 건
女身 而 爲 說法 應以天龍 夜叉 乾

달바 아수라 가루라 긴나라 마후
婆婆 阿修羅 迦樓羅 緊那羅 摩睺

라가 인비인등신 득도자 즉개현
羅伽 人非人等身 得度者 卽皆現

지 이위설법 응이집금강신 득도
之 而 爲 說法 應以執金剛神 得度

자 즉현집금강신 이위설법 무진
者 卽現執金剛神 以爲說法 無盡

의 시 관세음보살 성취여시공덕
意 是 觀世音菩薩 成就如是功德

이종종형 유제국토 도탈중생 시
以種種形 遊諸國土 度脫衆生 是

고 여등 응당일심 공양관세음보
故 汝等 應當一心 供養觀世音菩

살 시 관세음보살마하살 어포외
薩 是 觀世音菩薩摩訶薩 於怖畏

급난지중 능시무외 시고 차 사바
急難之中 能施無畏 是故 此 娑婆

388 독경편

세계 개호지 위시무외자
世界 皆號之 爲施無畏者

무진의보살 백불언 세존 아금
無盡意菩薩 白佛言 世尊 我今

당공양관세음보살 즉해경중 보주
當供養觀世音菩薩 卽解頸衆 寶珠

영락 가치백천양금 이이여지 작
瓔珞 價値百千兩金 而以與之 作

시언 인자 수차법시진보영락 시
是言 仁者 受此法施珍寶瓔珞 時

관세음보살 불긍수지 무진의 부
觀世音菩薩 不肯受之 無盡意 復

백관세음보살언 인자 민아등고
白觀世音菩薩言 仁者 愍我等故

수차영락
受此瓔珞

이시 불고 관세음보살 당민차무
爾時 佛告 觀世音菩薩 當愍此無

진의보살 급사중 천룡 야차 건달
盡意菩薩 及四衆 天龍 夜叉 乾闥

바 아수라 가루라 긴나라 마후
婆 阿修羅 迦樓羅 緊那羅 摩睺

라가 인비인등고 수시영락 즉시
羅伽 人非人等故 受是瓔珞 卽時

관세음보살 민제사중 급어천룡 인
觀世音菩薩 愍諸四衆 及於天龍 人

비인등 수기영락 분작이분 일분
非人等 受其瓔珞 分作二分 一分

봉석가모니불 일분 봉다보불탑
奉釋迦牟尼佛 一分 奉多寶佛塔

무진의 관세음보살 유여시자재
無盡意 觀世音菩薩 有如是自在

신력 유어사바세계
神力 遊於娑婆世界

이시 무진의보살 이게문왈
而時 無盡意菩薩 以偈問曰

세존묘상구　아금중문피
世尊妙相具　我今重問彼

불자하인연　명위관세음
佛子何因緣　名爲觀世音

구족묘상존 게답무진의
具足妙相尊 偈答無盡意

여청관음행 선응제방소
汝聽觀音行 善應諸方所

홍서심여해 역겁부사의
弘誓深如海 歷劫不思議

시다천억불 발대청정원
侍多千億佛 發大淸淨願

아위여약설 문명급견신
我爲汝略說 聞名及見身

심념불공과 능멸제유고
心念不空過 能滅諸有苦

가사흥해의 추락대화갱
假使興害意 推落大火坑

염피관음력 화갱변성지
念彼觀音力 火坑變成池

혹표류거해 용어제귀난
或漂流巨海 龍魚諸鬼難

염피관음력 파랑불능몰
念彼觀音力 波浪不能沒

혹재수미봉
或 在 須 彌 峰

위인소추타
爲 人 所 推 墮

염피관음력
念 彼 觀 音 力

여일허공주
如 日 虛 空 住

혹피악인축
或 彼 惡 人 逐

타락금강산
墮 落 金 剛 山

염피관음력
念 彼 觀 音 力

불능손일모
不 能 損 一 毛

혹치원적요
或 值 怨 賊 遶

각집도가해
各 執 刀 加 害

염피관음력
念 彼 觀 音 力

함즉기자심
咸 卽 起 慈 心

혹조왕난고
或 遭 王 難 苦

임형욕수종
臨 刑 欲 壽 終

염피관음력
念 彼 觀 音 力

도심단단괴
刀 尋 段 段 壞

혹수금가쇄
或 囚 禁 枷 鎖

수족피추계
手 足 被 杻 械

염피관음력
念 彼 觀 音 力

석연득해탈
釋 然 得 解 脫

주저제독약　　　소욕해신자
呪詛諸毒藥　　　所欲害身者

염피관음력　　　환착어본인
念彼觀音力　　　還着於本人

혹우악나찰　　　독룡제귀등
或遇惡羅刹　　　毒龍諸鬼等

염피관음력　　　시실불감해
念彼觀音力　　　時悉不敢害

약악수위요　　　이아조가포
若惡獸圍繞　　　利牙爪可怖

염피관음력　　　질주무변방
念彼觀音力　　　疾走無邊方

원사급복갈　　　기독연화연
蚖蛇及蝮蝎　　　氣毒煙火然

염피관음력　　　심성자회거
念彼觀音力　　　尋聲自廻去

운뢰고철전　　　강박주대우
雲雷鼓掣電　　　降雹澍大雨

염피관음력　　　응시득소산
念彼觀音力　　　應時得消散

중생피곤액　　　　무량고핍신
衆生被困厄　　　　無量苦逼身

관음묘지력　　　　능구세간고
觀音妙智力　　　　能救世間苦

구족신통력　　　　광수지방편
具足神通力　　　　廣修智方便

시방제국토　　　　무찰불현신
十方諸國土　　　　無刹不現身

종종제악취　　　　지옥귀축생
種種諸惡趣　　　　地獄鬼畜生

생로병사고　　　　이점실영멸
生老病死苦　　　　以漸悉令滅

진관청정관　　　　광대지혜관
眞觀淸淨觀　　　　廣大智慧觀

비관급자관　　　　상원상첨앙
悲觀及慈觀　　　　常願常瞻仰

무구청정광　　　　혜일파제암
無垢淸淨光　　　　慧日破諸闇

능복재풍화　　　　보명조세간
能伏災風火　　　　普明照世間

비체계뢰진　　자의묘대운
悲 體 戒 雷 震　　慈 意 妙 大 雲

주감로법우　　멸제번뇌염
澍 甘 露 法 雨　　滅 除 煩 惱 焰

쟁송경관처　　포외군진중
諍 訟 經 官 處　　怖 畏 軍 陣 中

염피관음력　　중원실퇴산
念 彼 觀 音 力　　衆 怨 悉 退 散

묘음관세음　　범음해조음
妙 音 觀 世 音　　梵 音 海 潮 音

승피세간음　　시고수상념
勝 彼 世 間 音　　是 故 須 常 念

염념물생의　　관세음정성
念 念 勿 生 疑　　觀 世 音 淨 聖

어고뇌사액　　능위작의호
於 苦 惱 死 厄　　能 爲 作 依 怙

구일체공덕　　자안시중생
具 一 切 功 德　　慈 眼 視 衆 生

복취해무량　　시고응정례
福 聚 海 無 量　　是 故 應 頂 禮

이시 지지보살 즉종좌기 전백불
爾時 持地菩薩 卽從座起 前白佛

언 세존 약유중생 문시관세음보
言 世尊 若有衆生 聞是觀世音菩

살품 자재지업 보문시현 신통력
薩品 自在之業 普門示現 神通力

자 당지시인 공덕불소
者 當知是人 功德不少

불설시보문품시 중중팔만사천
佛說是普門品時 衆中八萬四千

중생 개발무등등 아뇩다라삼먁
衆生 皆發無等等 阿耨多羅三藐

삼보리심
三菩提心

우리말 관세음보살보문품

그때에 무진의보살이 자리에서 일어나 오른쪽 어깨를 드러내고 합장하고 부처님을 향하여 여쭈었다.

『세존이시여, 관세음보살은 무슨 인연으로 관세음이라 하나이까.』

부처님께서 무진의보살에게 말씀하셨다.

『선남자여, 만일 한량없는 백천만억 중생이 모든 괴로움을 받을 적에 관세음보살의 이름을 듣고 일심으로 관세음보살을 염하면 곧 그 음성을 관찰하고 다 해탈케 하느니라.

관세음보살의 이름을 지니는 이는 설

사 큰 불에 들어가도 불이 능히 태우지 못하나니 이는 보살의 위엄과 신력을 말미암음이니라.

큰 물에 떠내려 가더라도 그 이름을 염하면 곧 얕은 곳을 얻게 되며, 만일 백천만억 중생이 금·은·유리·자거·마노·산호·호박·진주 등 보배를 구하려고 큰 바다에 들어갔다가 가령 폭풍에 밀려 그 배가 나찰들의 나라에 잡혔을 때라도 그 가운데 한 사람이라도 관세음보살의 이름을 염하는 이가 있으면, 여러 사람들이 모두 나찰의 난을 벗어나게 되나니 이런 인연으로 관세음이라 하느니라.

또 어떤 사람이 해를 입게 되었을 때에

관세음보살의 이름을 염하면 그들이 가진 칼과 무기가 조각조각 부서져서 벗어나게 되느니라.

만일 삼천대천세계에 가득한 야차와 나찰들이 와서 사람을 괴롭히려 하다가도 그 사람이 관세음보살의 이름을 지성으로 염하면 이 악귀들이 흉악한 눈으로 보지도 못하거늘 하물며 해칠 수가 있으랴.

또 어떤 사람이 죄가 있거나 없거나 간에 수갑과 고랑과 칼과 사슬이 그 몸을 속박하였더라도 관세음보살의 이름을 염하면 모두 부서지고 끊어져서 벗어나게 되느니라.

만일 삼천대천세계에 도적이 가득찼는데, 어떤 날 주인이 귀중한 보물을 가진 장사꾼들을 데리고 험난한 길을 지나갈 때에 그중 한 사람이 말하기를 「선남자들아, 무서워하지 말고 그대들은 일심으로 관세음보살의 이름을 염하라. 이 보살은 능히 중생들의 두려움을 없애주나니 그대들이 관세음보살의 이름만 염하면 이 도적들의 난을 벗어나게 되리라.」하자, 여러 장사꾼들이 함께 소리를 내어 「나무 관세음보살」하고 그 이름을 염한 까닭으로 곧 벗어나게 되느니라.

무진의여, 관세음보살마하살의 위엄력과 신력이 이렇게 크나니라.

어떤 중생이 음욕이 많더라도 항상 관세음보살을 생각하고 공경하면 문득 음욕을 여의게 되고, 만일 성내는 마음이 많더라도 항상 관세음보살을 생각하고 공경하면 문득 성내는 마음을 여의게 되고, 만일 어리석은 마음이 많더라도 항상 관세음보살을 생각하고 공경하면 문득 어리석음을 여의게 되느니라.

무진의여, 관세음보살은 이러한 큰 위엄과 신력이 있어 이익케 하나니, 그러므로 중생들은 항상 마음으로 생각할 것이니라.

어떤 여인이 아들 낳기를 원하여 관세음보살께 예배하고 공양하면 문득 복덕

많고 지혜있는 아들을 낳게 되고 딸을 낳기를 원하면 문득 단정하고 어여쁜 딸을 낳으리니, 전세에 덕의 근본을 심었으므로 모든 사람이 사랑하고 공경하리라.

무진의여, 관세음보살은 이와 같은 힘이 있느니라.

만일 중생이 관세음보살께 공경하고 예배하면 복이 헛되지 않으리니 그러므로 중생들은 모두 관세음보살의 이름을 받아 지닐 것이니라.

무진의여, 어떤 사람이 육십이억 항하사 보살의 이름을 받아 지니고, 또 몸이 다하도록 음식과 의복과 침구와 의약으로 공양한다면 그대는 어떻게 생각하느냐.

이 선남자 선여인의 공덕이 많겠느냐.』

무진의보살이 말하였다.

『매우 많겠나이다. 세존이시여.』

부처님께서 말씀하셨다.

『만일 어떤 사람이 관세음보살의 명호를 받아 지니고 한때만이라도 예배하고 공양하면, 이 두 사람의 복이 꼭 같고 다름이 없어서 백천만억 겁에 이르러도 다하지 아니하리라.

무진의여, 관세음보살의 명호를 받아 지니면 이와 같이 한량없고 그지없는 복덕의 이익을 얻느니라.』

무진의보살이 부처님께 사뢰었다.

『세존이시여, 관세음보살이 어떻게 이
사바세계에 다니며, 어떻게 중생을 위
하여 법을 말하며 방편의 힘은 어떠하
나이까.』

부처님께서 무진의보살에게 말씀하셨다.
『선남자여, 관세음보살은 부처의 몸으
로써 제도할 이에게는 부처의 몸을 나타
내어 법을 말하고,

벽지불의 몸으로 제도할 이에게는 벽
지불의 몸을 나타내어 법을 말하고,

성문의 몸으로 제도할 이에게는 성문
의 몸을 나타내어 법을 말하고,

범천왕의 몸으로 제도할 이에게는 범
천왕의 몸을 나타내어 법을 말하고,

제석천왕의 몸으로 제도할 이에게는
제석천왕의 몸을 나타내어 법을 말하고,

자재천의 몸으로 제도할 이에게는 자
재천의 몸을 나타내어 법을 말하고,

대자재천의 몸으로 제도할 이에게는
대자재천의 몸을 나타내어 법을 말하고,

하늘 대장군의 몸으로 제도할 이에게
는 하늘 대장군의 몸을 나타내어 법을
말하고,

비사문의 몸으로 제도할 이에게는 비
사문의 몸을 나타내어 법을 말하고,

작은 왕의 몸으로 제도할 이에게는 작
은 왕의 몸을 나타내어 법을 말하고,

장자의 몸으로 제도할 이에게는 장자

의 몸을 나타내어 법을 말하고,

거사의 몸으로 제도할 이에게는 거사
의 몸을 나타내어 법을 말하고,

재상의 몸으로 제도할 이에게는 재상
의 몸을 나타내어 법을 말하고,

바라문의 몸으로 제도할 이에게는 바
라문의 몸을 나타내어 법을 말하고,

비구·비구니·우바새·우바이의 몸
으로 제도할 이에게는 비구·비구니·
우바새·우바이의 몸을 나타내어 법을
말하고,

장자·거사·재상·바라문 부인의 몸
으로 제도할 이에게는 부인의 몸을 나타
내어 법을 말하고,

동남·동녀의 몸으로 제도할 이에게는 동남·동녀의 몸을 나타내어 법을 말하고,

하늘·용·야차·건달바·아수라·가루라·긴나라·마후라가·사람과 사람 아닌 이들의 몸으로 제도할 이에게는 다 그 몸을 나타내어 법을 말하고,

집금강의 몸으로 제도할 이에게는 집금강의 몸을 나타내어 법을 말하느니라.

무진의여, 관세음보살이 이와 같은 공덕을 성취하고 가지가지 형상으로 여러 국토에 다니면서 중생을 제도하여 해탈케 하나니, 그러므로 그대들은 마땅히 한결같은 마음으로 관세음보살께 공양

해야 하느니라.

관세음보살마하살은 무섭고 급한 재난 가운데서도 두려움을 없게 하나니 그러므로 이 사바세계에서 모두 그를 이름하여 두려움을 없애주는 분이라 하느니라.』

무진의보살이 부처님께 사뢰었다.

『세존이시여, 제가 지금 관세음보살께 공양하겠나이다.』

그리고 곧 목에 장식하였던 백천금이나 되는 영락을 드리면서 이렇게 말했다.

『어진이시여, 법으로 보시하는 보배 영락을 받으옵소서.』

이때에 관세음보살은 받지 않으려 하

거늘 무진의가 다시 관세음보살께 여쭈
었다.

『어진이시여, 우리를 어여삐 여기시어
이 영락을 받으소서.』

이때 부처님께서 관세음보살에게 말씀
하셨다.

『마땅히 이 무진의보살과 사부대중과
하늘·용·야차·건달바·아수라·가루
라·긴나라·마후라가·사람과 사람 아닌
이들을 어여삐 여겨서 영락을 받으라.』

곧 그때 관세음보살이 사부대중과 하
늘·용·사람과 사람 아닌 이들을 어여
삐 여겨서 그 영락을 받아 두 몫으로 나
누어 한 몫은 석가모니부처님께 공양하

고 한 몫은 다보부처님께 공양하였다.

『무진의여, 관세음보살은 이렇게 자유자재한 신통의 힘이 있어 사바세계에 다니느니라.』

이때에 무진의보살이 게송으로 여쭈었다.

묘한 상호 갖추신 부처님께
제가 지금 저 일을 묻자오니
불자들이 어떠한 인연으로써
관세음보살이라 이르나이까.
묘한 상호 갖추신 세존께옵서
게송으로 무진의에게 대답하시되
그대는 잘 들어라. 관음의 높은 덕은

곳에 따라 마땅히 응하느니라.

큰 서원은 바다같이 깊어서

헤아릴 수 없는 여러 겁 동안

여러 천억 부처님 모셔 받들며

청정한 큰 서원을 세웠느니라.

내 이제 그대에게 간략히 말하노니

그 이름을 듣거나 모습을 보는 이가

지극한 마음으로 깊이 새기면

모든 세상 괴로움 소멸하리라.

어떤 이가 해치려는 생각을 품고

불구덩이에 밀어서 떨어뜨려도

관세음을 염하는 거룩한 힘이

불구덩을 못으로 변하게 하고

큰바다에 빠져서 떠내려갈 제

용과 고기 귀신의 난을 만나도

관세음을 염하는 거룩한 힘이

파도를 잠재워 안온케 하네.

수미산 봉우리에 서 있을 때에

어떤 이가 밀어서 떨어뜨려도

관세음을 염하는 거룩한 힘이

해와 같이 허공에 떠 있게 하고

흉악한 사람에게 쫓겨 가다가

금강산에 떨어져 굴러 내려도

관세음을 염하는 거룩한 힘이

털끝 하나 손상치 못하게 하네.

원수 진 도적에게 둘러싸여서

제각기 칼을 들고 해하려 해도

관세음을 염하는 거룩한 힘이

그들에게 자비한 맘 생기게 하고
어쩌다가 국법을 어기게 되어
형벌을 받아 죽게 되더라도
관세음을 염하는 거룩한 힘에
칼날이 조각조각 부수어지네.
옥중에 갇히어서 큰칼을 쓰고
손발에 고랑을 채웠더라도
관세음을 염하는 거룩한 힘에
저절로 시원하게 풀려 나오고
방자히 저주하며 독한 약으로
나의 몸을 해치려 할지라도
관세음을 염하는 거룩한 힘에
도리어 그 사람이 다치게 되네.
흉악한 나찰이나 독한 용들이

이내 몸을 해치려 한다 하여도
관세음을 염하는 거룩한 힘이
오히려 그들에게 항복케 하고
사나운 짐승들에 둘러싸여서
험상한 이와 발톱 무섭더라도
관세음을 염하는 거룩한 힘이
그들을 오히려 도망케 하네.
살모사 독사같은 무서운 독충들
독기를 불꽃처럼 내뿜더라도
관세음을 염하는 거룩한 힘에
소리 듣고 스스로 피하여 가고
검은 구름 천둥에 번개 치면서
우박과 소나기가 퍼붓더라도
관세음을 염하는 거룩한 힘에

잠깐 사이에 흩어져 걷히게 되네.
중생들이 곤액과 핍박을 받아
한량없는 괴로움 닥치더라도
관세음의 신묘한 지혜의 힘이
세간의 모든 고통 구하여 주네.
신통하고 묘한 힘 두루 갖추고
지혜의 여러 방편 널리 닦아서
시방의 모든 세계 어디서든지
갖가지 몸 나투어 없는 데 없어
가지가지 험하고 나쁜 갈래인
지옥과 아귀 축생들까지
나고 늙고 병들고 죽는 고통을
차츰차츰 모두 다 없애 버리네.
참되고 깨끗하게 보살피시고

넓고 크신 지혜로 관찰하시며
자비한 마음으로 보듬으시니
언제나 원하옵고 우러릅니다.
때 없이 청정하고 밝은 광명이
해와 같은 지혜로 어둠 깨치고
풍재와 화재들을 굴복시키고
골고루 이 세상 비춰주시니
자비는 체가 되고 계행은 우뢰 되고
자비하신 마음은 묘한 큰 구름
감로의 법비를 내려 주서서
번뇌의 더운 불꽃 소멸하오며
송사하고 다투는 법정에서나
무섭고 겁이 나는 진중에서도
관세음을 염하는 거룩한 힘이

원수들을 물리쳐 흩어버리네.
미묘한 음성이신 관세음보살
범천왕의 음성과 조수의 음성
세간의 음성보다 뛰어나시니
갈수록 사무침이 더해만 가네.
거룩하고 청정하신 관세음보살
중생들은 조금도 의심치 말고
세상사 고뇌 속의 등대이시니
능히 믿고 의지할 어버이시네.
여러 가지 공덕을 다 갖추시고
자비한 눈길로 중생을 보시며
중생의 원함따라 복덕 주시니
그 공덕 한량없이 애경할지라.

그때에 지지(持地)보살이 자리에서 일어나 부처님 앞에 나아가 사뢰었다.

『세존이시여, 만일 중생으로서 이 관세음보살보문품의 자재하신 법문과 넓은 문으로 나타내시는 신통한 힘을 듣는 이가 있으면, 이 사람의 공덕이 적지 아니함을 알겠나이다.』

부처님께서 이 모든 보문품을 말씀하실 때에 팔만사천 중생들이 위없이 높고 평등한 아뇩다라삼먁삼보리심을 내었다.

천지팔양신주경
天 地 八 陽 神 呪 經

문여시 일시 불 재비야달마성요
聞如是 一時 佛 在毘耶達摩城寥

확택중 시방 상수 사중 위요 이
廓宅中 十方 相隨 四衆 圍繞 爾

시 무애보살 재대중중 즉종좌기
時 無礙菩薩 在大衆中 卽從座起

합장향불 이백불언
合掌向佛 而白佛言

세존 차염부제중생 체대상생 무
世尊 此閻浮提衆生 遞代相生 無

시이래 상속부단 유식자소 무지
始已來 相續不斷 有識者少 無智

자다 염불자소 구신자다 지계자
者多 念佛者少 求神者多 持戒者

소 파계자다 정진자소 해태자다
少 破戒者多 精進者少 懈怠者多

지혜자소 우치자다 장수자소 단
智慧者少 愚癡者多 長壽者少 短

명자다 선정자소 산란자다 부귀
命者多 禪定者少 散亂者多 富貴

자소 빈천자다 온유자소 강강자
者少 貧賤者多 溫柔者少 剛强者

다 흥성자소 경독자다 정직자소
多 興盛者少 惸獨者多 正直者少

곡첨자다 청신자소 탐탁자다 보
曲諂者多 淸愼者少 貪濁者多 布

시자소 간린자다 신실자소 허망
施者少 慳悋者多 信實者少 虛妄

자다 치사세속 천박 관법도독 부
者多 致使世俗 淺薄 官法荼毒 賦

역번중 백성궁고 소구난득 양유
役煩重 百姓窮苦 所口難得 良由

신사도견 획여시고 유원 세존
信邪倒見 獲如是苦 唯願 世尊

위제사견중생 설기정견지법 영
爲諸邪見衆生 說其正見之法 令

420 독경편

득오해 면어중고
得悟解 免於衆苦

불언 선재선재 무애보살 여대자
佛言 善哉善哉 無礙菩薩 汝大慈

비 위제사견중생 문어여래정견
悲 爲諸邪見衆生 問於如來正見

지법 불가사의 여등 제청 선사념
之法 不可思議 汝等 諦聽 善思念

지 오당위여 분별해설천지팔양
之 吾當爲汝 分別解說天地八陽

지경 차경 과거제불 이설 미래
之經 此經 過去諸佛 已說 未來

제불 당설 현재제불 금설
諸佛 當說 現在諸佛 今說

부천지지간 위인최승최상 귀어
夫天地之間 爲人最勝最上 貴於

일체 만물 인자 정야 진야 심무
一切 萬物 人者 正也 眞也 心無

허망 신행정진 좌별위정 우불위
虛妄 身行正眞 左ノ爲正 右乀爲

진 상행정진 고명위인 시지 인능
眞 常行正眞 故名爲人 是知 人能

홍도 도이윤신 의도의인 개성성도
弘道 道以潤身 依道依人 皆成聖道

부차 무애보살 일체중생 기득인
復次 無碍菩薩 一切衆生 旣得人

신 불능수복 배진향위 조종종악
身 不能修福 背眞向僞 造種種惡

업 명장욕종 침륜고해 수종종죄
業 命將欲終 沈淪苦海 受種種罪

약문차경 신심불역 즉득해탈 제
若聞此經 信心不逆 卽得解脫 諸

죄지난 출어고해 선신가호 무제
罪之難 出於苦海 善神加護 無諸

장애 연년익수 이무횡요 이신력
障礙 延年益壽 而無橫夭 以信力

고 획여시복 하황유인 진능서사
故 獲如是福 何況有人 盡能書寫

수지독송 여법수행 기공덕 불가
受持讀誦 如法修行 其功德 不可

칭 불가량 무유변제 명종지후
稱 不可量 無有邊際 命終之後

병득성불
幷得成佛

불고무애보살마하살 약유중생
佛告無礙菩薩摩訶薩 若有衆生

신사도견 즉피사마외도 이매망
信邪倒見 卽被邪摩外道 魍魅魑

양 조명백괴 제악귀신 경래뇌란
魎 鳥鳴百怪 諸惡鬼神 競來惱亂

여기횡병 악종악두악오 수기통
與其橫病 惡腫惡痘惡忤 受其痛

고 무유휴식 우선지식 위독차경
苦 無有休息 遇善知識 爲讀此經

삼편 시제악귀 개실소멸 병즉제
三遍 是諸惡鬼 皆悉消滅 病卽除

유 신강력족 독경공덕 획여시복
愈 身強力足 讀經功德 獲如是福

약유중생 다어음욕 진에우치 간
若有衆生 多於淫欲 瞋恚愚癡 慳

탐질투 약견차경 신경공양 즉독
貪 嫉 妒　若 見 此 經　信 敬 供 養　卽 讀

차경삼편 우치등악 병개제멸 자
此 經 三 遍　愚 癡 等 惡　幷 皆 除 滅　慈

비희사 득불법분
悲 喜 捨　得 佛 法 分

부차 무애보살 약선남자 선여인
復 次　無 碍 菩 薩　若 善 男 子　善 女 人

흥유위법 선독차경삼편 축장동
興 有 爲 法　先 讀 此 經 三 遍　築 牆 動

토 안립가택 남당북당 동서서서
土　安 立 家 宅　南 堂 北 堂　東 序 西 序

주사객옥 문호정조 대애고장 육
廚 舍 客 屋　門 戶 井 竈　碓 磑 庫 藏　六

축난혼 일유월살 장군태세 황번
畜 欄 圂　日 遊 月 殺　將 軍 太 歲　黃 幡

표미 오토지신 청룡백호 주작현
豹 尾　五 土 地 神　靑 龍 白 虎　朱 雀 玄

무 육갑금휘 십이제신 토위복룡
武　六 甲 禁 諱　十 二 諸 神　土 尉 伏 龍

일체귀매 개실은장 원병타방 형
一 切 鬼 魅 皆 悉 隱 藏 遠 迸 他 方 形

소영멸 불감위해 심대길리 득복
消 影 滅 不 敢 爲 害 甚 大 吉 利 得 福

무량
無 量

선남자 흥공지후 당사영안 옥택
善 男 子 興 功 之 後 堂 舍 永 安 屋 宅

뇌고 부귀길창 불구자득 약욕원
牢 固 富 貴 吉 昌 不 求 自 得 若 欲 遠

행종군 사환흥생 심득의리 문흥
行 從 軍 仕 宦 興 生 甚 得 宜 利 門 興

인귀 백자천손 부자자효 남충여
人 貴 百 子 千 孫 父 慈 子 孝 男 忠 女

정 형공제순 부처화목 신의독친
貞 兄 恭 弟 順 夫 妻 和 睦 信 義 篤 親

소원성취 약유중생 홀피현관구
所 願 成 就 若 有 衆 生 忽 被 縣 官 拘

계 도적견만 잠독차경삼편 즉
繫 盜 賊 牽 挽 暫 讀 此 經 三 遍 卽

득해탈
得解脫

약유선남자 선여인 수지독송 위
若有善男子 善女人 受持讀誦 爲

타인 서사천지팔양경자 설입수
他人 書寫天地八陽經者 設入水

화 불피분표 혹재산택 호랑맹수
火 不被焚漂 或在山澤 虎狼猛獸

병적불감 선신위호 성무상도
屛跡不敢 善神衛護 成無上道

약부유인 다어망어기어 악구양
若復有人 多於妄語綺語 惡口兩

설 약능수지독송차경 영제사과
舌 若能受持讀誦此經 永除四過

득사무애변 이성불도
得四無礙辯 而成佛道

약선남자 선여인등 부모유죄 임
若善男子 善女人等 父母有罪 臨

종지일 당타지옥 수무량고 기
終之日 當墮地獄 受無量苦 其

자즉위독송차경칠편 부모즉리
子 卽 爲 讀 誦 此 經 七 遍 父 母 卽 離

지옥 이생천상 견불문법 오무생
地 獄 而 生 天 上 見 佛 聞 法 悟 無 生

인 이성불도
忍 以 成 佛 道

불고 무애보살 비바시불시 유우
佛 告 無 礙 菩 薩 毘 婆 尸 佛 時 有 優

바새 우바이 심불신사 경숭불법
婆 塞 優 婆 夷 心 不 信 邪 敬 崇 佛 法

서사차경 수지독송 수작즉작 일
書 寫 此 經 受 持 讀 誦 須 作 卽 作 一

무소문 이정신고 겸행보시 평등
無 所 問 以 正 信 故 兼 行 布 施 平 等

공양 득무루신 성보리도 호왈
供 養 得 無 漏 身 成 菩 提 道 號 曰

보광여래응정등각 겁명대만 국
普 光 如 來 應 正 等 覺 劫 名 大 滿 國

호무변 단시인민 행보살도 무소
號 無 邊 但 是 人 民 行 菩 薩 道 無 所

득법
得法

부차 무애보살 차천지팔양경 행
復次　無　礙菩薩　此天地八陽經　行

염부제 재재처처 유팔보살 제범
閻浮提　在在處處　有八菩薩　諸梵

천왕 일체명령 위요차경 향화공
天王　一切明靈　圍繞此經　香華供

양 여불무이
養　如佛無異

불고 무애보살마하살 약선남자
佛告　無礙菩薩摩訶薩　若善男子

선여인등 위제중생 강설차경 심
善女人等　爲諸衆生　講說此經　深

달실상 득심심리 즉지신심 불신
達實相　得甚深理　卽知身心　佛身

법심 소이능 지즉지혜 안상견
法心　所以能　知卽智慧　眼常見

종종무진색 색즉시공 공즉시색
種種無盡色　色卽是空　空卽是色

428 독경편

수상행식역공 즉시묘색신여래
受想行識亦空 卽是妙色身如來

이상문종종무진성 성즉시공
耳常聞種種無盡聲 聲卽是空

공즉시성 즉시묘음성여래 비상
空卽是聲 卽是妙音聲如來 鼻常

후종종무진향 향즉시공 공즉시
嗅種種無盡香 香卽是空 空卽是

향 즉시향적여래 설상료종종무
香 卽是香積如來 舌常了種種無

진미 미즉시공 공즉시미 즉시
盡味 味卽是空 空卽是味 卽是

법희여래 신상각종종무진촉 촉
法喜如來 身常覺種種無盡觸 觸

즉시공 공즉시촉 즉시지승여래
卽是空 空卽是觸 卽是智勝如來

의상사상능분별종종무진법 법
意常思想能分別種種無盡法 法

즉시공 공즉시법 즉시 법명여래
卽是空 空卽是法 卽是 法明如來

선남자 차육근현현 인개구상설
善男子 此六根顯現 人皆口常說

기선어 선법상전 즉성성도 설기
其善語 善法常轉 卽成聖道 說其

사어 악법상전 즉타지옥 선남자
邪語 惡法常轉 卽墮地獄 善男子

선악지리 부득불신 선남자 인지
善惡之理 不得不信 善男子 人之

신심 시불법기 역시십이부대경
身心 是佛法器 亦是十二部大經

권야 무시이래 전독부진 불손호
卷也 無始已來 轉讀不盡 不損豪

모 여래장경 유식심견성자지소
毛 如來藏經 唯識心見性者之所

능지 비제성문범부 소능지 선남
能知 非諸聲聞凡夫 所能知 善男

자 독송차경 심해진리 즉지신심
子 讀誦此經 深解眞理 卽知身心

시불법기 약취미불성 불료자심
是佛法器 若醉迷不醒 不了自心

시불법근본 유랑제취 타어악도
是 佛 法 根 本 流 浪 諸 趣 墮 於 惡 道

영침고해 불문불법명자
永 沈 苦 海 不 聞 佛 法 名 字

이시 오백천자 재대중중 문불소
爾 時 五 百 天 子 在 大 衆 中 聞 佛 所

설 득법안정 개대환희 즉발무등
說 得 法 眼 淨 皆 大 歡 喜 卽 發 無 等

등아뇩다라삼먁삼보리심
等 阿 耨 多 羅 三 藐 三 菩 提 心

무애보살 부백불언 세존 인지재
無 礙 菩 薩 復 白 佛 言 世 尊 人 之 在

세 생사위중 생불택일 시지즉생
世 生 死 爲 重 生 不 擇 日 時 至 卽 生

사불택일 시지즉사 하인빈장즉
死 不 擇 日 時 至 卽 死 何 因 殯 葬 卽

문 양신길일 연시빈장 빈장지후
問 良 辰 吉 日 然 始 殯 葬 殯 葬 之 後

환유방해 빈궁자다 멸문자불소
還 有 妨 害 貧 窮 者 多 滅 門 者 不 少

유원세존 위제사견무지중생 설
唯願世尊 爲諸邪見無知衆生 說

기인연 영득정견 제기전도
其因緣 令得正見 除其顚倒

불언 선재선재 선남자 여실심능
佛言 善哉善哉 善男子 汝實甚能

문어중생 생사지사 빈장지법 여
問於衆生 生死之事 殯葬之法 汝

등제청 당위여설지혜지리 대도
等諦聽 當爲汝說智慧之理 大道

지법
之法

부천지광대청 일월광장명 시년
夫天地廣大淸 日月廣長明 時年

선미 실무유이 선남자 인왕보살
善美 實無有異 善男子 人王菩薩

심대자비 민념중생 개여적자 하
甚大慈悲 愍念衆生 皆如赤子 下

위인주 작민부모 순어속인 교민
爲人主 作民父母 順於俗人 敎民

432 독경편

속법 유작역일 반하천하 영지시
俗 法 遺 作 曆 日 頒 下 天 下 令 知 時

절 위유만평 성수개제지자 집위
節 爲 有 滿 平 成 收 開 除 之 字 執 危

파살지문 우인 의자신용 무불면
破 殺 之 文 愚 人 依 字 信 用 無 不 免

기흉화 우사사사압진 설시도비
其 凶 禍 又 使 邪 師 壓 鎭 說 是 道 非

만구사신 배아귀 각복초앙자수
謾 求 邪 神 拜 餓 鬼 却 福 招 殃 自 受

고 여시인배 반천시 역지리 배일
苦 如 是 人 輩 反 天 時 逆 地 理 背 日

월지광명 상투암실 위정도지광
月 之 光 明 常 投 暗 室 違 正 道 之 廣

로 항심사경 전도지심야
路 恒 尋 邪 徑 顚 倒 之 甚 也

선남자 산시 독송차경삼편 아즉
善 男 子 産 時 讀 誦 此 徑 三 遍 兒 卽

이생 심대길리 총명이지 복덕구
易 生 甚 大 吉 利 聰 明 利 智 福 德 具

족 이부중요 사시 독송차경삼편
足 而 不 中 夭 死 時　讀 誦 此 經 三 遍

일무방해 득복무량
一 無 妨 害　得 福 無 量

선남자 일일호일 월월호월 연년
善 男 子　日 日 好 日　月 月 好 月　年 年

호년 실무간격 단판즉수빈장 빈
好 年　實 無 間 隔　但 辦 卽 須 殯 葬　殯

장지일 독송차경칠편 심대길리
葬 之 日　讀 誦 此 經 七 遍　甚 大 吉 利

획복무량 문영인귀 연년익수 명
獲 福 無 量　門 榮 人 貴　延 年 益 壽　命

종지일 병득성성
終 之 日　幷 得 成 聖

선남자 빈장지지 막문동서남북
善 男 子　殯 葬 之 地　莫 問 東 西 南 北

안온지처 인지애락 귀신애락 즉
安 穩 之 處　人 之 愛 樂　鬼 神 愛 樂　卽

독차경삼편 변이수영 안치묘전
讀 此 經 三 遍　便 以 修 營　安 置 墓 田

영무재장 가부인흥 심대길리
永無災障 家富人興 甚大吉利

이시 세존 욕중선차의 이설게언
爾時 世尊 欲重宣此義 而說偈言

영생선선일　　휴빈호호시
營生善善日　　休殯好好時

생사독송경　　심득대길리
生死讀誦經　　甚得大吉利

월월선명월　　연년대호년
月月善明月　　年年大好年

독경즉빈장　　영화만대창
讀經卽殯葬　　榮華萬代昌

이시 중중칠만칠천인 문불소설
爾時 衆中七萬七千人 聞佛所說

심개의해 사사귀정 득불법분 영
心開意解 捨邪歸正 得佛法分 永

단의혹 개발아뇩다라삼먁삼보
斷疑惑 皆發阿耨多羅三藐三菩

리심
提心

무애보살 부백불언 세존 일체범
無礙菩薩 復白佛言 世尊 一切凡

부 개이혼구위친 선문상의 후취
夫 皆以婚媾爲親 先問相宜 後取

길일 연시성친 성친지후 부귀해
吉日 然始成親 成親之後 富貴偕

로자소 빈궁생리사별자다 일종
老者少 貧窮生離死別者多 一種

신사 여하이유차별 유원세존
信邪 如何而有差別 唯願世尊

위결중의
爲決衆疑

불언 선남자 여등제청 당위여설
佛言 善男子 汝等諦聽 當爲汝說

부천양지음 월음일양 수음화양
夫天陽地陰 月陰日陽 水陰火陽

남양여음 천지기합 일체초목생
男陽女陰 天地氣合 一切草木生

언 일월 교운 사시팔절명언 수
焉 日月 交運 四時八節明焉 水

화상승 일체만물숙언 남녀윤해
火相承 一切萬物熟焉 男女允諧

자손흥언 개시천지상도 자연지
子孫興焉 皆是天之常道 自然之

리 세제지법
理 世諦之法

선남자 우인 무지 신기사사 복문
善男子 愚人 無智 信其邪師 卜問

망길 이불수선 조종종악업 명종
望吉 而不修善 造種種惡業 命終

지후 부득인신자 여지갑상토 타
之後 復得人身者 如指甲上土 墮

어지옥 작아귀축생자 여대지토
於地獄 作餓鬼畜生者 如大地土

선남자 부득인신 정신수선자 여
善男子 復得人身 正信修善者 如

지갑상토 신사조악업자 여대지토
指甲上土 信邪造惡業者 如大地土

선남자 욕결혼친 막문수화상극
善男子 欲結婚親 莫問水火相剋

포태상압 연명부동 유간녹명서
胞胎相壓　年命不同　唯看祿命書

즉지복덕다소 이위권속 호영지일
卽知福德多少　以爲眷屬　呼迎之日

즉독차경삼편 이이성례 차내선
卽讀此經三遍　而以成禮　此乃善

선상잉명명상속 문고인귀 자손
善相仍明明相屬　門高人貴　子孫

흥성총명이지 다재다예 효경상
興盛聰明利智　多才多藝　孝敬相

승 심대길리 이부중요 복덕구족
承　甚大吉利　而不中夭　福德具足

개성불도
皆成佛道

시 유팔보살 승불위신 득대총지
時　有八菩薩　承佛威信　得大總持

상처인간 화광동진 파사입정 도
常處人間　和光同塵　破邪立正　度

사생처팔해 이불자이 기명왈
四生處八解　而不自異　其名曰

발타라보살누진화
跋 陀 羅 菩 薩 漏 盡 和

나린갈보살누진화
羅 隣 竭 菩 薩 漏 盡 和

교목도보살누진화
憍 目 兜 菩 薩 漏 盡 和

나라달보살누진화
那 羅 達 菩 薩 漏 盡 和

수미심보살누진화
須 彌 深 菩 薩 漏 盡 和

인저달보살누진화
因 抵 達 菩 薩 漏 盡 和

화륜조보살누진화
和 輪 調 菩 薩 漏 盡 和

무연관보살누진화
無 緣 觀 菩 薩 漏 盡 和

시 팔보살 구백불언 세존 아등
時 八 菩 薩 俱 白 佛 言 世 尊 我 等

어제 불소 수득다라니신주 이금
於 諸 佛 所 受 得 陀 羅 尼 神 呪 而 今

설지 옹호수지독송천지팔양경자
說之 擁護受持讀誦天地八陽經者

영무공포 사일체불선지물 부득
永 無 恐 怖 使 一 切 不 善 之 物 不 得

침손독경법사 즉어불전 이설주왈
侵 損 讀 經 法 師 卽 於 佛 前 而 說 呪 曰

『아거니 이거니 아비라 만례 만
阿 去 尼 尼 去 尼 阿 毘 羅 曼 隷 曼

다례』
多 隷

세존 약유불선자 욕래뇌법사 문아
世 尊 若 有 不 善 者 欲 來 惱 法 師 聞 我

설차주 두파작칠분 여아리수지
說 此 呪 頭 破 作 七 分 如 阿 梨 樹 枝

이시 무변신보살 즉종좌기 전백
爾 時 無 邊 身 菩 薩 卽 從 座 起 前 白

불언 세존 운하명위천지팔양경
佛 言 世 尊 云 何 名 爲 天 地 八 陽 經

유원세존 위제청중 해설기의
惟 願 世 尊 爲 諸 聽 衆 解 說 其 義

영득각오 속달심본 입불지견 영
令 得 覺 悟 速 達 心 本 入 佛 知 見 永

단의회
斷 疑 悔

불언 선재선재 선남자 여등제청
佛 言 善 哉 善 哉 善 男 子 汝 等 諦 聽

오금위여 분별해설천지팔양지경
吾 今 爲 汝 分 別 解 說 天 地 八 陽 之 經

천자 양야 지자 음야 팔자 분별야
天 者 陽 也 地 者 陰 也 八 者 分 別 也

양자 명해야 명해대승무위지리
陽 者 明 解 也 明 解 大 乘 無 爲 之 理

요능분별 팔식인연 공무소득 우
了 能 分 別 八 識 因 緣 空 無 所 得 又

운 팔식 위경 양명 위위 경위상투
云 八 識 爲 經 陽 明 爲 緯 經 緯 相 投

이성경교 고명팔양경 팔자 시팔
以 成 經 敎 故 名 八 陽 經 八 者 是 八

식 육근 시육식 함장식 아뢰야식
識 六 根 是 六 識 含 藏 識 阿 賴 耶 識

시명팔식 명료분별팔식근원 공
是名八識 明了分別八識根源 空

무소유 즉지양안 시광명천 광명
無所有 即知兩眼 是光明天 光明

천중 즉현일월광명 세존 양이 시
天中 即現日月光明 世尊 兩耳 是

성문천 성문천중 즉현무량성여
聲聞天 聲聞天中 即現無量聲如

래 양비 시불향천 불향천중 즉
來 兩鼻 是佛香天 佛香天中 即

현향적여래 구설 시법미천 법미
現香積如來 口舌 是法味天 法味

천중 즉현법희여래 신 시노사나
天中 即現法喜如來 身 是盧舍那

천 노사나천중 즉현성취노사나
天 盧舍那天中 即現成就盧舍那

불 노사나경상불 노사나광명불
佛 盧舍那鏡像佛 盧舍那光明佛

의 시무분별천 무분별천중 즉현
意 是無分別天 無分別天中 即現

부동여래 대광명불 심 시법계천
不動如來 大光明佛 心 是法界天

법계천중 즉현공왕여래 함장식
法界天中 卽現空王如來 含藏識

천 연출아나함경 대반열반경 아
天 演出阿那含經 大般涅槃經 阿

뢰야식천 연출대지도론경 유가
賴耶識天 演出大智度論經 瑜伽

론경 선남자 불즉시법 법즉시불
論經 善男子 佛卽是法 法卽是佛

합위일상 즉현대통지승여래
合爲一相 卽現大通智勝如來

불설차경시 일체대지 육종진동
佛說此經時 一切大地 六種震動

광조천지 무유변제 호호탕탕 이
光照天地 無有邊際 浩浩蕩蕩 而

무소명 일체유명 개실명랑 일체
無所名 一切幽冥 皆悉明朗 一切

지옥 병개소멸 일체죄인 구득이고
地獄 幷皆消滅 一切罪人 俱得離苦

이시 대중지중 팔만팔천보살 일
爾 時 大 衆 之 中 八 萬 八 千 菩 薩 一

시성불 호왈 공왕여래응정등각
時 成 佛 號 曰 空 王 如 來 應 正 等 覺

겁명이구 국호무변 일체인민 개
劫 名 離 垢 國 號 無 邊 一 切 人 民 皆

행보살육바라밀 무유피차 증무
行 菩 薩 六 波 羅 蜜 無 有 彼 此 證 無

쟁삼매 체무소득 육만육천비구
諍 三 昧 逮 無 所 得 六 萬 六 千 比 丘

비구니 우바새우바이 득대총지
比 丘 尼 優 婆 塞 優 婆 夷 得 大 總 持

입불이법문 무수천룡 야차 건달
入 不 二 法 門 無 數 天 龍 夜 叉 乾 闥

바 아수라 가루라 긴나라 마후라
婆 阿 修 羅 迦 樓 羅 緊 那 羅 摩 睺 羅

가 인비인등 득법안정 행보살도
伽 人 非 人 等 得 法 眼 淨 行 菩 薩 道

선남자 약부유인 득관등위지일
善 男 子 若 復 有 人 得 官 登 位 之 日

급신입택지시 잠독차경삼편 심
及 新 入 宅 之 時　暫 讀 此 經 三 遍　甚

대길리 선신가호 연년익수 복덕
大 吉 利　善 神 加 護　延 年 益 壽　福 德

구족 선남자 약독차경일편 여독
具 足　善 男 子　若 讀 此 經 一 遍　如 讀

일체경일편 약사일권 여사 일체
一 切 經 一 遍　若 寫 一 卷　如 寫 一 切

경일부 기공덕 불가칭불가량 등
經 一 部　其 功 德　不 可 稱 不 可 量　等

허공 무유변제 성성도과
虛 空　無 有 邊 際　成 聖 道 果

부차 무변신보살마하살 약유중
復 次　無 邊 身 菩 薩 摩 訶 薩　若 有 衆

생 불신정법 상생사견 홀문차경
生 不 信 正 法　常 生 邪 見　忽 聞 此 經

즉생비방 언비불설 시인 현세 득
卽 生 誹 謗 言 非 佛 說　是 人 現 世 得

백나병 악창농혈 변체교류 성조
白 癩 病　惡 瘡 膿 血　遍 體 交 流　腥 臊

취예 인개증질 명종지일 즉타아
臭穢 人皆憎嫉 命終之日 卽墮阿

비무간지옥 상화철하 하화철상
鼻無間地獄 上火徹下 下火徹上

철창철차 변체천혈 융동관구 근
鐵槍鐵叉 遍體穿穴 融銅灌口 筋

골난괴 일일일야 만사만생 수대
骨爛壞 一日一夜 萬死萬生 受大

고통 무유휴식 방사경고 획죄여시
苦痛 無有休息 謗斯經故 獲罪如是

불위죄인 이설게언
佛爲罪人 而說偈言

신시자연신　오체자연족
身是自然身　五體自然足

장내자연장　노즉자연로
長乃自然長　老卽自然老

생내자연생　사즉자연사
生乃自然生　死卽自然死

구장부득장　구단부득단
求長不得長　求短不得短

고락여자당　사정유여기
苦 樂 汝 自 當　邪 正 由 汝 己

욕작유위공　독경막문사
欲 作 有 爲 功　讀 經 莫 問 師

천천만만세　득도전법륜
千 千 萬 萬 歲　得 道 轉 法 輪

불설차경이 일체대중 득미증유
佛 說 此 經 已　一 切 大 衆　得 未 曾 有

심명의정 환희용약 개견제상비
心 明 意 淨　歡 喜 踊 躍　皆 見 諸 相 非

상 입불지견 오불지견 무입무오
相　入 佛 知 見　悟 佛 知 見　無 入 無 悟

무지무견 부득일법 즉열반락
無 知 無 見　不 得 一 法　卽 涅 槃 樂

우리말 천지팔양신주경

이렇게 들었다.

어느 때에 부처님께서 비야달마성 고요한 곳에 계실 적에 시방에서 따라다니는 사부대중이 부처님을 모시고 둘러앉았다.

이때에 무애보살이 대중 가운데 있다가 자리에서 일어나 합장하고 부처님을 향하여 여쭈었다.

『세존이시여, 이 남섬부주 중생들이 번갈아 서로 낳기를 끝없는 옛적부터 지금에 이르기까지 끊어지지 아니하며, 유식한 이는 적고 무식한 이가 많으며, 염불하는 이는 적고 잡신에게 구하는 이가 많으며, 계행을 지니는 이는 적고 계행을 파하는 이가 많으며, 정진하는 이는 적고 게으른 이가 많으며, 지혜 있는 이는 적고 어리석은 이가 많으며, 장수하는 이는 적고 단명하는 이가 많으며, 선정 닦는 이는 적고 마음이 산란한 이가 많으며, 부귀한 이는 적고 빈천한 이가 많으며, 유순한 이는 적고 거친 이가 많으며, 홍성하는 이는 적고 고독한 이가 많으며, 정직한 이는 적고 아첨하는 이가 많으며, 청정한 이는 적고 탐내는 이가 많으며, 보시하는 이가 적고 인색한 이는 많으며, 진실한 이는 적고 허황된

이가 많으며, 세속은 천박하고 관리들은 혹독하며 부역과 구실은 잡다하고 백성들은 궁한 연고로 구하는 바를 얻기 어렵습니다. 삿되고 전도된 견해를 믿어 이러한 고통을 받는 듯 하오니, 바라옵건대 세존께서는 이 소견이 잘못된 중생들을 위하여 올바른 법문을 말씀하시어 잘못된 것을 깨닫고 온갖 고통을 면하게 하소서.』

부처님께서 말씀하셨다.

『훌륭하고 훌륭하다. 무애보살아, 네가 자비한 마음으로 소견이 잘못된 중생들을 위하여 부사의한 여래의 올바른 법을 물으니 자세히 듣고 잘 생각하라.

내가 너를 위하여 천지팔양경을 분별하여 말하리라. 이 경은 과거세 부처님들께서도 말씀하시었고, 미래세 부처님들께서도 말씀하실 것이요, 현세 모든 부처님들께서도 말씀하시느니라.

이 하늘과 땅 사이에는 사람이 가장 수승하여 만물 가운데 가장 귀한 것이니, 사람이란 것은 바른 것이며 참된 것이란 뜻이니 마음으로는 허망함이 없고 몸으로는 바르고 참된 일을 행하여야 하느니라. 왼쪽으로 삐친 획은 바르다는 뜻이요, 오른쪽으로 삐친 획은 참되다는 뜻이니 항상 바르고 참된 일만 행하므로 사람이라 하였느니라. 이러함으로 사람은 능히 도를 넓히고, 도는 몸을 윤택케 하는 줄을 알지니, 도를 의지하고 사람을 의지하면 모두 성인의 도를 이루느니라.

다시 말하니 무애보살아, 여러 중생이 사람이 되었건만 복을 닦지 못하여 참된 것을 등지고 거짓된 것을 향하여 여러 가지 나쁜 업을 지었으므로 목숨을 마치려 할 적에 고생바다에 빠져서 여러 가지 죄보를 받게 되나니, 만일 이 경 말씀을 듣고 믿는 마음을 거스르지 아니하면 모든 죄업을 해탈하고 고생바다에서 벗어나 선신의 가호를 입어 모든 장애가 없어지고 수명이 늘어 오래 살고 횡액과 일찍 죽는 일이 없을 것이니, 믿는 힘으로도 이러한 복을 받게 되거늘 하물며 어떤 사람이 이 경을 쓰거나 받아 지니거나 읽거나 외우거나 법답게 닦아 행하면 그 공덕은 헤아릴 수 없고 끝이 없어서 목숨을 마친 뒤에는 모두 부처를 이루게 되느니라.』

부처님께서 무애보살마하살에게 이르셨다.

『만일 어떤 중생이 삿된 도를 믿고 소견이 잘못되면 곧 사마와 외도와 도깨비와 나쁜 새의 울음과 온갖 괴물과 나쁜 귀신들이 번갈아 와서 시끄럽게 할 것이며, 나쁜 질병이나 모진 염병이나 여러 가지 나쁜 횡액과 병을 주어서 지독한 고통을 쉴 새 없이 받게 될 것이나 만약 선지식을 만나 이 경을 세 번만 읽어주면 이러한 나쁜 귀신들이 모두 소멸되고 병이 나을 것이며, 몸이 건강하고 기운이 충실하리니, 이 경을 읽은 공덕으로 이러한 복을 받게 되느니라.

만일 어떤 중생이 음욕과 성냄과 어리석은 생각과 간탐하고 시기하는 마음이 많더라도 만일 이 경을 보고 믿고 공경하고 공양하여 세 번만 읽으면 어리석고 나쁜 버릇이 모두 소멸되고 자비하고 기쁜 불법의 복을 얻게 되느니라.

또 무애보살아, 어느 선남자 선여인이 어떤 역사를 하려 할 때에 먼저 이 경을 세 번만 읽으면 담을 쌓거나 터를 다지거나 집을 짓거나 안채, 바깥채나 동서 행랑이나 부엌과 객실을 중수하거나 문을 내고 샘을 파고 아궁이를 고치고 방아를 놓고 창고를 짓고 가축들의 우리를 세우더라도 일유신과 월살귀와 장군태세와 황번표미와 오방지신과 청룡백호, 주작현무와 육갑금휘와 십이제신과 토위와 복룡과 온갖 허깨비 도깨비들이 모두 숨거나 타방으로 물러가며 형상과 그림자까지 소멸되고 해롭게 하지 못할 것이며 매사가 대길하여 한량없는 복을 받으리라.

선남자야, 역사를 일으킨 뒤에 집안이

태평하고 가옥이 견고하며 부귀영화를 구하지 아니하여도 저절로 이루어지며, 혹 먼 길을 가거나 군대에 들어가거나 벼슬을 구하거나 장사를 하려 하여도 매우 편리하게 되며, 가문이 흥왕하여 사람이 귀히 되며, 백자천손에 아비는 사랑하고 아들은 효도하며, 남자는 충성하고 여자는 정결하며, 형은 우애하고 아우는 공손하며, 부부가 화목하고 친척 간에 신의가 있어 소원을 성취하게 될 것이며, 만일 어떤 중생이 옥중에 감금되거나 도적에게 붙들렸더라도 이 경을 세 번만 읽으면 즉시 벗어나게 되느니라.

어느 선남자나 선여인이 천지팔양경을

받아 지니거나 외우거나 남을 위하여 쓰거나 하면 불에 들어가도 타지 아니하고, 물에 빠져도 떠내려가지 아니하며, 험한 숲 속에 가더라도 범과 이리가 자취를 감추고 할퀴거나 물지 못하며 선신이 보호하며 무상도를 이루게 되느니라.

또 어떤 사람이 거짓말과 꾸며대는 말과 욕설과 이간질하는 말을 많이 하였더라도 이 경을 받아 지니거나 외우거나 하면 네 가지 허물이 없어지고 네 가지 무애변재를 얻어서 불도를 성취할 것이니라.

또 선남자나 선여인의 부모가 죄를 짓고 죽은 후에 지옥에 떨어져서 무한한 고통을 받게 되었을지라도, 그 아들이 이 경을 일곱 번만 읽으면 그 부모가 지옥에서 벗어나 천상에 날 것이며 부처님 법문을 듣고 무생법인을 깨달아 불도를 이루게 되느니라.』

부처님께서 무애보살에게 이르셨다.

『비바시 부처님 때에 우바새 우바이가 삿된 교를 믿지 않고 불법을 존중하며 이 경을 써서 배우고 읽고 외우며 할 일을 모두 하되 한 번도 의심하지 아니하며 올바르게 믿는 까닭으로 보시를 널리 행하고 평등하게 공양하다가 번뇌 없는 몸을 얻어 보리도를 이루었으니 명호는 보광여래 응정등각이요, 겁명은 대만겁이며 세계 이름은 무변국토라. 그 세계 백성들이 다만 보살도를 행하였을 뿐이요, 법을 얻었다는 것은 없었느니라.

또 무애보살아, 이 천지팔양경이 남섬부주에 유행하면 가는 곳마다 여덟 보살과 여러 범천왕과 온갖 밝은 신령들이 이 경을 둘러싸고 호위하며 향과 꽃으로 공양하기를 부처님과 같이 하리라.』

부처님께서 무애보살마하살에게 말씀하셨다.

『만일 선남자나 선여인이 중생들을 위하여 이 경을 강설하여 실상을 잘 알고 깊은 이치를 얻으면 이 몸이 곧 부처님의 몸이요, 이 마음이 곧 법의 마음임을 알 것이니라.

　그리하여 능히 아는 것이 곧 지혜인지라, 눈으로는 항상 여러 가지 모든 물질을 보건대 물질이 곧 공이요, 공이 곧 물질이며, 감각과 지각과 의지와 인식도 또한 공이어서 이것이 묘색신여래이며, 귀로는 항상 여러 가지 끝없는 소리를 듣건대 소리가 곧 공이요, 공이 곧 소리여서 이것이 묘음성여래이며, 코로는 항상 여러 가지 끝없는 냄새를 맡건대 냄새가 곧 공이요, 공이 곧 냄새여서 이것이 향적여래이며, 혀로는 항상 여러 가지 끝없는 맛을 알진대 맛이 곧 공이요, 공이 곧 맛이어서 이것이 법희여래이며,

몸으로는 항상 여러 가지 끝없는 촉감을 느끼건대 촉감이 곧 공이요, 공이 곧 촉이어서 이것이 지승여래며, 뜻으로는 항상 여러 가지 끝없는 법을 생각하며 분별하거든 법이 곧 공이요, 공이 곧 법이어서 이것이 법명여래이니라.

선남자야, 이 육근이 나타나되 사람들이 항상 입으로 선한 말을 하여 선법이 항상 행하여지면 성인의 도를 이루는 것이요, 나쁜 말을 하여 악법이 항상 행하여지면 지옥에 떨어지느니라.

선남자야, 선악의 이치를 꼭 믿어야 하느니라.

선남자야, 사람의 몸과 마음이 불법을

담을 그릇이며 또한 십이부의 가장 큰 경전이건만 끝없는 옛적부터 지금까지 모두 읽지 못하였으며 터럭만치도 건드리지 못하였나니 이 여래장경은 마음을 알고 성품을 본 사람만이 아는 것이요, 성문이나 범부들은 알지 못하느니라.

선남자야, 이 경을 읽고 외워서 깊이 진리를 깨달으면 이 몸과 마음이 곧 불법을 담는 그릇인 줄을 알거니와 만일 술 취한 듯 깨지 못하면 자기의 마음이 불법의 근본임을 알지 못하고 여러 갈래로 헤매며 나쁜 길에 떨어져서 영원히 고통바다에 빠지고 불법이란 이름조차 듣지 못하리라.』

그때에 오백 천자들의 대중 가운데서 부처님의 말씀을 듣고 지혜의 눈이 밝아짐을 얻고는 크게 즐거워서 즉시 위없는 깨달음의 마음을 내었느니라.

무애보살이 다시 부처님께 여쭈었다.

『세존이시여, 사람이 이 세상에 있어서 나고 죽는 것이 가장 소중하지마는 날 때에도 택일하지 못하고 때가 되면 나는 것이요, 죽을 때에도 택일하지 못하고 때가 되면 죽는다고 할지라도 시신을 안치하거나 장사 지낼 때에는 좋은 날을 택하여 시신을 안치하고 장사하건만 그러한 뒤에 도리어 해가 되어 빈궁해지는 이가 많고 가문이 멸망하는 일까지 적지 아니합니다.

원컨대 세존이시여, 소견이 잘못되고 무지한 중생들을 위하여 그 인연을 말씀하사 올바른 소견을 가지고 뒤바뀐 소견을 덜게 하여 주시옵소서.』

부처님께서 말씀하셨다.

『훌륭하고 훌륭하다. 선남자야, 네가 능히 중생들의 나고 죽는 일과 시신을 안치하거나 장사 지내는 법을 물으니 자세히 들으라.

너를 위하여 슬기로운 이치와 대도의 법을 말하리라.

대개 천지는 넓고 깨끗하며 해와 달은 항상 밝은지라, 어느 시간이나 어느 해나

좋고 아름다워 조금도 다름이 없느니라.

  선남자야, 인왕보살이 크게 자비하여 중생을 불쌍히 여기기를 어린 아이같이 하는 탓으로 사람들의 임금이 되고 백성의 부모가 되었을 때 세속 사람을 수순하여 세속법을 가르치되 책력을 만들어 천하에 반포하여 절후를 알게 하였거늘 만(滿), 평(平), 성(成), 수(收), 개(開), 제(除), 집(執), 위(危), 파(破), 살(殺)이란 글자가 있는 까닭으로 어리석은 사람들은 글자대로만 믿으면 흉한 일과 재앙을 면하리라 하고, 삿된 교를 섬기는 사람들은 이것을 부연하여 이리하면 옳고 저리하면 그르다 하여 부질없이 삿된 신에게 구하며 아귀에게 절하다가 도리어 재앙을 만나고 고통을 받나니, 이런 사람들은 천시에 배반되고 지리에 어긋나며, 해와 달의 밝은 빛을 등지고 항상 어두운 데로 가는 것이며, 정도의 넓은 길을 버리고 항상 잘못된 길을 찾는 것이니, 뒤바뀐 소견이 심한 까닭이니라.

선남자야, 해산하려 할 때에 이 경을 세 번만 읽으면 아이를 순산하여 크게 길할 것이며, 총명하고 지혜 있고 복덕이 구족하여 요절하는 일이 없을 것이요, 죽으려 할 때에 이 경을 세 번만 읽으면 조금도 방해가 없고 한량없는 복을 얻으리라.

선남자야, 날마다 좋은 날이요, 달마다 좋은 달이요, 해마다 좋은 해라 진실로 막힐 것이 없나니, 준비만 되면 어느 때든지 시신을 안치하거나 장사 지내되, 장사하는 날에 이 경을 일곱 번만 읽으면 크게 길하고 이로워서 한량없는 복을 받을 것이며, 가문이 번영하고 사람이 귀히 되며 수명이 늘어 장수하고 목숨을 마치는 날에는 성인의 도를 이루리라.

선남자야, 시신을 안치하고 장사할 곳은 동서남북을 물을 것 없고 편안한 자리를 구할지니 사람이 좋아하는 곳이면 귀신도 좋아하느니라. 이 경을 세 번 읽고 역사를 시작하여 묘를 쓰고 묘전을

마련하면 재앙은 영원히 없어지고 집은
부유해지고 사람이 번성하여 크게 길하
리라.』

　그때에 세존께서 이러한 뜻을 거듭 말
씀하사 게송으로 말씀하셨다.

　삶을 영위할 때
　좋은 날이요,
　장사하는 그날마저
　길한 때이니
　날 때에나 죽을 때에
　이 경을 읽으면
　크게 길하고
　크게 이익됨을 얻으리라.

달마다 좋은 달이요,

해마다 좋은 해로다.

이 경을 읽고 장사 지내면,

천추만대 영화롭고

창성하리라.

　그때에 대중 가운데 칠만칠천 사람이 부처님의 말씀을 듣고 마음이 열리고 뜻이 트이어 삿된 도를 버리고 정도로 돌아와서 불법을 얻어 지녀 의심을 영원히 끊어버리고, 모든 대중이 최상의 성스러운 깨달음의 마음을 내었다.

　무애보살이 다시 부처님께 여쭈었다.

　『세존이시여, 범부들이 혼인을 하려 할

때에 먼저 서로 맞는가를 물어보고, 다음에 길한 날을 택하여서 혼례를 행하지만 혼인한 뒤에 부귀하여 해로하는 이는 적고, 빈궁하게 살다 헤어지고 죽어 이별하는 이가 많으니, 똑같이 삿된 말을 믿는 것이거늘 어찌하여 이러한 차별이 있나이까.

원컨대 세존께서 여러 사람의 의심을 풀어주소서.』

부처님께서 말씀하셨다.

『선남자야, 자세히 들으라. 너를 위하여 말하리라.

무릇 하늘은 양이요 땅은 음이며, 해는 양이며 달은 음이요, 불은 양이며 물은

음이요, 남자는 양이요 여자는 음이니, 하늘과 땅의 기운이 합하여 온갖 초목이 나는 것이요, 해와 달이 서로 움직여 사계절과 팔절기가 분명하게 생기는 것이요, 불과 물이 서로 보좌하여 온갖 만물이 성숙하는 것이요, 남녀가 화합하여 자손이 창성하는 것이 모든 세상의 당연한 도리요 자연의 이치이며 세속의 법이니라.

선남자야, 어리석은 사람은 지견이 없어 삿된 도리를 따르는 사람을 믿어 점치고 굿을 하여 길하기를 바라며, 선업을 닦지 않고 여러 가지 악업만 짓다가 죽은 뒤에는 다시 사람으로 태어나는 이는 손톱 위의 흙과 같이 적고, 지옥에 떨어져 아귀가 되거나 축생으로 태어나는 이가 땅덩이의 흙과 같이 많으니라. 선남자야, 사람으로 태어난 이들도 바른 일을 믿고 선업을 닦는 이는 손톱 위의 흙만큼이나 적고, 나쁜 도를 믿고 악업을 짓는 이는 땅덩이의 흙과 같이 많으니라.

선남자야, 혼인을 맺으려 할 때는 물과 불이 상극이 된다거나 포와 태가 서로 눌린다거나 나이가 맞지 않거나를 묻지 말고 다만 녹명서를 보면 복덕이 많고 적음을 알 수 있는 것이니, 그로써 권속을 삼고 결혼하는 날에 이 경을 세 번 읽고 혼례를 올리면 좋은 일이 항상 계속되고 빛난 광명이 서로 모여 가문은 높아지고 사람은 귀히 되고 자손이 창성하되, 총명하고 지혜롭고 재주 있고 솜씨좋고 효도하고 공경함이 대대로 계승되어 크게 길할 것이요, 요절하는 일이 없고 복덕이 구족하여 불도를 이루리라.』

그때에 여덟 보살이 부처님의 위신력을 이어서 총지를 얻고도 항상 인간 세상에 머무르며 밝은 광명을 두리우고, 티끌세상과 함께하면서 삿된 도를 깨뜨리고 정도를 세우며 사생을 제도하고 항상 해탈에 있으면서도 남들과 달리하지 아니하니 그 이름은,

발타라보살누진화   나린갈보살누진화
교목도보살누진화   나라달보살누진화
수미심보살누진화   인저달보살누진화
화륜조보살누진화   무연관보살누진화
였다.

이 여덟 보살이 함께 부처님께 말씀하시길,

『세존이시여, 저희들이 여러 부처님 처소에서 받은 다라니 주문을 지금 설하여서 천지팔양경을 받아 지니고 읽고 외우는 이를 보호하여 영원히 두려울 것이 없게 하오며, 또 온갖 악한 것들로 하여금 이 경 읽는 법사를 침노하지 못하게 하겠나이다.』

하고 부처님 앞에서 주문을 외웠다.

『아거니 이거니 아비라 만례 만다례』

『세존이시여, 만일 어떤 악한 이가 이 법사에게 와서 시끄럽게 하려 하면 나의 이 주문을 듣고는 머리가 아리나무 가지같이 일곱 쪽으로 쪼개지는 고통이 되게 하겠나이다.』

그때에 무변신보살이 자리에서 일어나 앞으로 나가 부처님께 말씀하시길,

『세존이시여, 어찌하여 천지팔양경이라 하나이까. 세존이시여, 그 뜻을 말씀하사 이 대중들로 하여금 그 뜻을 깨달아 빨리 마음의 근본을 통달하고 부처님의 지견에 들어가 의심을 끊게 하여 주

소서.』

부처님이 말씀하셨다.

『훌륭하고 훌륭하다. 선남자야, 너는 자세히 들어라. 내가 너를 위하여 이제 천지팔양경의 뜻을 분별하여 말하리라.

천(天)은 양이요, 지(地)는 음이요, 팔(八)은 분별이요, 양(陽)은 분명히 안다는 뜻이니, 대승의 하염없는 이치를 분명히 알아서 팔식 인연이 공하여 얻을 것이 없음을 잘 분별하는 것이니라. 또한 팔식은 세로 줄이 되고, 양의 글자는 가로 줄이 되어 세로 줄과 가로 줄에 뜻이 서로 어울려 경전을 이룬 까닭에 팔양경이라 하느니라.

팔은 팔식이니, 안, 이, 비, 설, 신, 의 여섯 근으로 된 육식과 함장식과 아뢰야식을 더하여 팔식이라 하거늘, 팔식의 근원을 분명하게 분별하면 아무것도 없이 공한 것이니라. 그러므로 알아라.

두 눈은 광명천이니 광명천 가운데에는 일월광명 세존을 나타내고, 두 귀는 성문천이니 성문천 가운데에는 무량성 여래를 나타내고, 두 코는 불향천이니 불향천 가운데에는 향적여래를 나타내고, 입에 혀는 법미천이니 법미천 가운데에는 법희여래를 나타내고, 몸은 노사나천이니 노사나천 가운데에는 성취노사나불과 노사나경상불과 노사나광명불을 나타내고, 뜻은 무분별천이니 무분별천 가운데에는 부동여래대광명불을 나타내고, 마음은 법계천이니 법계천 가운데에는 공왕여래를 나타내며, 함장식천에는 아나함경과 대반열반경을 나타내고, 아뢰야식천에는 대지도론경과 유가론경을 연출하느니라.

선남자야, 부처님이 곧 법이요, 법이 곧 부처님이니 합하여 한 모양이 되어 대통지승여래를 나타내느니라.』

부처님께서 이 경을 말씀하실 때에 대지가 여섯 가지로 진동하며, 광명이 하늘과 땅에 비추어 끝간 데가 없이 두루 가득하여 이름할 수 없었으며 온갖 어둠던 곳이 모두 명랑하여지고 모든 지옥이 한꺼번에 소멸하여 여러 죄인들이 모두 고통을 여의었다.

그때에 대중 가운데 있던 팔만팔천 보살이 일시에 성불하였으니, 이름이 공왕여래 응정등각이시고 겁명은 이구겁이요, 국호는 무변국이니, 모든 중생들이 모두 보살의 육바라밀을 행하여 너나 할 것 없이 다툼 없는 삼매를 증득하여 얻을 바 없는 데에 이르렀으며, 육만육천 비구와 비구니와 우바새와 우바이들은 총지를 얻어서 불이법문에 들어갔고, 수없는 하늘과 용과 야차와 건달바와 아수라와 가루라와 긴나라와 마후라가와 인

비인 등은 법의 눈이 깨끗해짐을 얻어서
보살도를 행하였다.

『선남자야, 어떤 사람이 벼슬하여 도임
하는 날에나 새로 집에 들어갈 때에 이
경을 세 번만 읽으면 한없이 대길하여
선신이 보호하며 수명이 늘어 장수하고
복과 덕이 구족하리라.

선남자야, 이 경을 한 번만 읽어도 모
든 경을 한 번 읽는 것과 같고 이 경을
한 권만 써도 모든 경을 한 번 쓰는 것과
같아서 그 공덕은 말할 수 없고 한량없
음이 허공과 같이 끝간 데가 없을 것이
며 성인의 깨달음의 경지에 이르리라.

또 무변신보살마하살아, 만일 어떤 중

생이 정법은 믿지 아니하고 잘못된 소견만 내다가 문득 이 경의 말씀을 듣고 즉시 비방하기를 「부처님 말씀이 아니다」하면, 이 사람은 금생에 문둥병이 들어서 온몸에 나쁜 창질이 생기고 고름이 흐르고 나쁜 냄새가 두루 퍼져서 사람들이 미워하며, 목숨이 마치는 날에는 아비무간지옥에 떨어져 위에서 붙은 불이 아래까지 내려뿜고, 아래에 있는 불은 위로 솟아오르며, 쇠 작살은 온몸을 쑤시며, 구리 녹인 물이 입에 부어져 뼈와 힘줄이 익어 문드러지며, 하룻낮 하룻밤에 만 번 죽고 만 번 살아서 수없는 고통이 쉴 새 없으리니, 이 경을 비방한 탓으로 이러한 죄를 받느니라.』

　부처님께서 죄인들을 위하여 게송으로
말씀하셨다.

　　이 몸은　　　　자연히 생긴 몸이니,

　　머리와 사지도　　자연히 구비하였고

　　자라기도　　　　자연히 자라났으며

　　늙는 것도　　　　자연히 늙어만 지네.

　　날 때에도　　　　자연히 생겨났으니,

　　죽을 때에도　　　자연히 죽게 되리라.

　　키 크기를 구하여도　안 커지나니

　　작아지기를 구한다고　작아질건가.

　　괴로움도 즐거움도　네가 받나니

　　잘못되고 잘되기도　네게 달렸네.

좋은 공덕 지으려면   이 경을 읽으라.
천년 만년 도통하여   법을 펴리라.

부처님께서 이 경 설하기를 마치시니,
모든 대중들은 일찍이 맛보지 못한 기쁨
을 얻어 마음이 열리고 뜻이 깨끗해져
서, 즐겁게 뛰면서 모든 모양이 참모양
아닌 것을 보고 부처님의 경지에 들어가
부처님의 경지를 깨달았으나, 들어간 것
도 없고 깨달은 것도 없으며, 아는 바도
없고 보는 바도 없어서, 한 가지 법도 얻
음이 없는 열반의 즐거움에 이르렀다.

사 대 주
四　大　呪

나무대불정 여래밀인 수증요의
南 無 大 佛 頂　如 來 密 因　修 證 了 義

제보살만행 수능엄신주
諸 菩 薩 萬 行　首 楞 嚴 神 呪

『다냐타 옴 아나례 비사제
비라 바아라 다리반다 반다니
바아라 바니반 호훔 다로옹박
사바하』(세번)

정본 관자재보살 여의륜주
正本 觀自在菩薩 如意輪呪

『나무 못다야 나무 달마야 나무 승가야 나무 아리야 바로기제 사라야 모지사다야 마하사다야 사가라 마하가로 니가야 하리다야 만다라 다냐타 가가나 바라지진다 마니 마하무다례 루로루로 지따 하리다에 비사예 옴 부다나 부다니 야등』

(세번)

불정심 관세음보살 모다라니
佛頂心 觀世音菩薩 姥陀羅尼

『나모라 다나다라 야야 나막
아리야 바로기제 새바라야
모지사다바야 마하사다바야
마하가로 니가야 다냐타 아바
다아바다 바리바제 인혜혜 다
냐타 살바다라니 만다라야 인
혜혜 바리마수다 못다야 옴
살바작수가야 다라니 인지리
야 다냐타 바로기제 새바라야
살바돗따 오하야미 사바하』

(세번)

불설소재길상 다라니
佛說消災吉祥 陀羅尼

『나무 사만다 못다남 아바라지
하다사 사나남 다냐타 옴 카카
카혜 카혜 훔훔 아바라 아바라
바라아바라 바라아바라 지따
지따 지리 지리 빠다 빠다 선
지가 시리에 사바하』(세번)

고 왕 경
高 王 經

나무관세음보살 나무불 나무법 나
南 無 觀 世 音 菩 薩　南 無 佛　南 無 法　南

무승 불국유연 불법상인 상락아정
無 僧　佛 國 有 緣　佛 法 相 因　常 樂 我 淨

유연불법 나무마하반야바라밀
有 緣 佛 法　南 無 摩 訶 般 若 波 羅 蜜

시대신주 나무마하반야바라밀
是 大 神 呪　南 無 摩 訶 般 若 波 羅 蜜

시대명주 나무마하반야바라밀
是 大 明 呪　南 無 摩 訶 般 若 波 羅 蜜

시무상주 나무마하반야바라밀
是 無 上 呪　南 無 摩 訶 般 若 波 羅 蜜

시무등등주 나무정광비밀불
是 無 等 等 呪　南 無 淨 光 秘 密 佛

법장불 사자후신족유왕불 불고
法 藏 佛　獅 子 吼 神 足 幽 王 佛　佛 告

수미등왕불 법호불 금강장사자
須彌燈王佛 法護佛 金剛藏獅子

유희불 보승불 신통불 약사유리
遊戲佛 寶勝佛 神通佛 藥師琉璃

광불 보광공덕산왕불 선주공덕
光佛 普光功德山王佛 善住功德

보왕불 과거칠불 미래현겁천불
寶王佛 過去七佛 未來賢劫千佛

천오백불 만오천불 오백화승불
千五百佛 萬五千佛 五百花勝佛

백억금강장불 정광불 육방육불
百億金剛藏佛 定光佛 六方六佛

명호 동방보광월전묘음존왕불
名號 東方寶光月殿妙音尊王佛

남방수근화왕불 서방조왕신통
南方樹根花王佛 西方竈王神通

염화왕불 북방월전청정불 상방
焰花王佛 北方月殿淸淨佛 上方

무수정진보수불 하방선적월음
無數精進寶首佛 下方善寂月音

왕불 무량제불 다보불 석가모니
王佛 無量諸佛 多寶佛 釋迦牟尼

불 미륵불 아촉불 아미타불 중앙
佛 彌勒佛 阿閦佛 阿彌陀佛 中央

일체중생 재불토계중자 범왕제
一切衆生 在佛土界中者 梵王帝

석 행주어지상 급재허공중 자우
釋 行住於地上 及在虛空中 慈憂

어일체중생 각령안온휴식 주야
於一切衆生 各令安穩休息 晝夜

수지신심 상구송차경 능멸생사
受持信心 常求誦此經 能滅生死

고 소복어독해 나무대명관세음
苦 消伏於毒害 南無大明觀世音

관명관세음 고명관세음 개명관
觀明觀世音 高明觀世音 開明觀

세음 약왕보살 약상보살 문수보
世音 藥王菩薩 藥上菩薩 文殊菩

살 보현보살 허공장보살 지장보
薩 普賢菩薩 虛空藏菩薩 地藏菩

살 청량산일만보살 보광여래화
薩　淸凉山一萬菩薩　普光如來化

승보살 염념송차경 칠불세존 즉
勝菩薩　念念誦此經　七佛世尊　卽

설주왈
說呪曰

『이바이바제 구아구아제 다라
니제 니하라제 비니이제 마하
가제 진령갈제 사바하』(세번)

시방관세음 일체제보살 서원구
十方觀世音　一切諸菩薩　誓願救

중생 칭명실해탈 약유박복자 은
衆生　稱名悉解脫　若有薄福者　慇

근위해설 단시유인연 독송구불
懃爲解說　但是有因緣　讀誦口不

철 송경만천편 염념심부절 화염
輟　誦經萬千遍　念念心不絕　火焰

불능상 도병입최절 에로생환희
不 能 傷 刀 兵 立 摧 折 恚 怒 生 歡 喜

사자변성활 막언차시허 제불불
死 者 變 成 活 莫 言 此 是 虛 諸 佛 不

망설
妄 說

고왕경찬어
高 王 經 讚 語

고왕관세음 능구제고액 임위급
高 王 觀 世 音 能 救 諸 苦 厄 臨 危 急

난중 제사득해탈 배념팔보살 지
難 中 諸 事 得 解 脫 拜 念 八 菩 薩 持

송만천편 박복불신자 중죄개소
誦 萬 千 遍 薄 福 不 信 者 重 罪 皆 消

멸 제불어불허 시고응정례
滅 諸 佛 語 不 虛 是 故 應 頂 禮

몽 수 경
夢 授 經

나무관세음보살 나무불 나무법
南 無 觀 世 音 菩 薩　南 無 佛　南 無 法

나무승 여불유인 여불유연 불법
南 無 僧　與 佛 有 因　與 佛 有 緣　佛 法

상인 상락아정 조념관세음 모념
相 因　常 樂 我 淨　朝 念 觀 世 音　暮 念

관세음 염념종심기 염념불리심
觀 世 音　念 念 從 心 起　念 念 不 離 心

천라신 지라신 인이난난이신 일
天 羅 神　地 羅 神　人 離 難 難 離 神　一

체 재앙화위진 나무마하반야바
切　災 殃 化 爲 塵　南 無 摩 詞 般 若 波

라밀
羅 蜜

해 탈 주
解 脱 呪

나무 동방해탈주세계 허공공덕
南無 東方解脫呪世界 虛空功德

청정미진 등목단정 공덕상 광명
淸淨微塵 等目端正 功德相 光明

화 파두마 유리광 보체상 최상향
華 波頭摩 琉璃光 寶體相 最上香

공양흘 종종장엄정계 무량무변
供養訖 種種莊嚴頂髮 無量無邊

일월광명 원력장엄 변화장엄 법
日月光明 願力莊嚴 變化莊嚴 法

계출생 무장애왕
界出生 無障碍王

『여래아라하 삼먁삼불타』(세번)
如來阿羅訶 三藐三佛陀

무 상 계
無 常 戒

부무상계자 입열반지요문 월고
夫無常戒者 入涅槃之要門 越苦

해지자항 시고 일체제불 인차계
海之慈航 是故 一切諸佛 因此戒

고 이입열반 일체중생 인차계고
故 而入涅槃 一切衆生 因此戒故

이도고해 ○○○영가 여금일 형
而度苦海   靈駕 汝今日 逈

탈근진 영식독로 수불무상정계
脫根塵 靈識獨露 受佛無上淨戒

하행여야 ○○○영가 겁화통연
何幸如也   靈駕 劫火洞然

대천구괴 수미거해 마멸무여 하
大千俱壞 須彌巨海 磨滅無餘 何

황차신 생로병사 우비고뇌 능여
況此身 生老病死 憂悲苦惱 能如

원위 ○○○영가 발모조치 피육
遠違　　　　靈駕　髮毛爪齒　皮肉

근골 수뇌구색 개귀어지 타체농
筋骨　髓腦垢色　皆歸於地　唾涕膿

혈 진액연말 담루정기 대소변리
血　津液涎沫　痰淚精氣　大小便利

개귀어수 난기귀화 동전귀풍 사
皆歸於水　煖氣歸火　動轉歸風　四

대각리 금일망신 당재하처 ○○○
大各離　今日亡身　當在何處

영가 사대허가 비가애석 여종무
靈駕　四大虛假　非可愛惜　汝從無

시이래 지우금일 무명연행 행연식
始已來　至于今日　無明緣行　行緣識

식연명색 명색연육입 육입연촉
識緣名色　名色緣六入　六入緣觸

촉연수 수연애 애연취 취연유
觸緣受　受緣愛　愛緣取　取緣有

유연생 생연노사 우비고뇌 무명
有緣生　生緣老死　憂悲苦惱　無明

멸즉행멸 행멸즉식멸 식멸즉명
滅 則 行 滅 行 滅 則 識 滅 識 滅 則 名

색멸 명색멸즉육입멸 육입멸즉
色 滅 名 色 滅 則 六 入 滅 六 入 滅 則

촉멸 촉멸즉수멸 수멸즉애멸 애
觸 滅 觸 滅 則 受 滅 受 滅 則 愛 滅 愛

멸즉취멸 취멸즉유멸 유멸즉생
滅 則 取 滅 取 滅 則 有 滅 有 滅 則 生

멸 생멸즉노사 우비고뇌멸 제법
滅 生 滅 則 老 死 憂 悲 苦 惱 滅 諸 法

종본래 상자적멸상 불자행도이
從 本 來 常 自 寂 滅 相 佛 子 行 道 已

내세득작불 제행무상 시생멸법
來 世 得 作 佛 諸 行 無 常 是 生 滅 法

생멸멸이 적멸위락 귀의불타계
生 滅 滅 已 寂 滅 爲 樂 歸 依 佛 陀 戒

귀의달마계 귀의승가계 나무과
歸 依 達 摩 戒 歸 依 僧 伽 戒 南 無 過

거 보승여래 응공 정변지 명행족
去 寶 勝 如 來 應 供 正 遍 知 明 行 足

선서 세간해 무상사 조어장부 천
善逝 世間解 無上士 調御丈夫 天

인사 불 세존 ○○○영가 탈각오
人師 佛 世尊 靈駕 脫却五

음각루자 영식독로 수불무상정
陰殼漏子 靈識獨露 受佛無上淨

계 기불쾌재 기불쾌재 천당불찰
戒 豈不快哉 豈不快哉 天堂佛刹

수념왕생 쾌활쾌활
隨念往生 快活快活

서래조의최당당
西來祖意最當當

자정기심성본향
自淨其心性本鄉

묘체담연무처소
妙體湛然無處所

산하대지현진광
山河大地現眞光

우리말 무상계

무상계는 열반으로 가는 요긴한 문이고 고해를 벗어나는 자비의 배이니라.

부처님도 이 계를 의지하여 열반을 성취하셨고 중생도 이 계를 의지하여 고해를 건너나느니라.

○○○영가시여, 이제 그대는 여섯 가지 감관과 여섯 가지 경계를 벗어나서 신령한 알음알이가 뚜렷이 드러나서 부처님의 위대한 계를 받게 되었으니 이 얼마나 다행한 일인가.

○○○영가시여, 겁이 다하여 말세가 되면 대천세계도 불타고 수미산과 큰 바

다도 다 없어지는 것인데 어떻게 이 작은 몸뚱이가 늙고 병들고 죽고 고뇌하는 생사법을 벗어날 수 있겠는가.

○○○영가시여, 그대의 머리털과 손톱, 뼈와 이와 가죽·살·힘줄·해골·때 같은 것은 다 흙으로 변하고, 침과 콧물·고름·피·진액·가래·눈물·오줌 같은 것들은 다 물로 변하고, 더운 기운은 불로, 움직이는 기운은 바람으로 변하여 네 가지 요소가 다 각각 제자리로 돌아가는 것인데 오늘날 영가의 죽은 몸이 어디 있겠는가?

○○○영가시여, 이 몸뚱이는 네 가지 요소로 거짓 헛된 것이니 조금도 아까울 것이 없느니라.

○○○영가시여, 그대는 끝없는 옛날부터 오늘까지 무명이 근본이 되어 선악의 행업을 지었고, 이 행업으로 말미암아 이 세상에 태어나려는 일념, 이 일념이 태중의 정신과 물질인 명색을, 명색이 여섯 기관을, 이 여섯 기관이 감촉작용을, 감촉작용은 지각을, 지각은 애욕을, 애욕은 탐취심을, 탐취심은 내세의 과가 되는 여러 가지 업을 짓고, 이 업은 다시 미래에 태어나는 연이 되어서 늙고 병들고 죽고 근심하고 걱정하고 하였느니라.

　그러므로 무명이 없어지면 행이 없어지고, 행이 없어지면 식이 없어지고, 식이 없어지면 명색이 없어지고, 이렇게

육입 · 촉 · 수 · 애 · 취 · 유 · 생 · 노사
우비고뇌가 다 없어지느니라.

이 세상 모든 것 그 바탕 본래 고요해 불
자가 닦고 닦으면 내세에 부처 이루리라.

덧없다. 흘러가는 생멸법이여, 나고 죽
음이 그 또한 다하여 없어지면 고요하고
즐거우리 열반락이여.

부처님계에 목숨 다해 귀의합니다.

달마계에 목숨 다해 귀의합니다.

승가계에 목숨 다해 귀의합니다.

과거 보승여래 · 공양받을 이 · 바르게
다 아는 이 · 지혜와 행을 구족한 이 ·
잘 가시는 이 · 세간을 잘 아시는 이 ·
더 위없이 거룩한 이 · 간절하게 조어하
는 이 · 하늘과 인간의 스승 · 부처님 세

존께 목숨 다해 귀의합니다.

○○○영가시여, 그대는 다섯 쌓임을 벗어 버리고 신령한 알음알이가 뚜렷이 드러나 부처님의 거룩한 계를 받았도다. 이 얼마나 통쾌한 일인가.

○○○영가시여, 이제 하늘이나 불세계나 마음대로 태어나게 되었으니 참으로 통쾌하고 통쾌하도다.

서쪽에서 오신 조사의 뜻 가장 당당하시니

스스로가 마음을 밝히면 본성의 고향이라.

묘한 본체는 담연해서 일정한 곳 없건만 산과 물과 온누리에 참모습 나투시네.

츰부다라니

츰부 츰부 츰츰부 아가셔츰부
바결랍츰부 암발랍츰부 비라츰
부 발절랍츰부 아루가츰부 담
뭐츰부 살더뭐츰부 살더닐하뭐
츰부 비바루가 찰뭐츰부 우뭐
셤뭐츰부 내여나츰부 뷜랄여삼
므디랄나츰부 찰나츰부 비실바
리여츰부 셔살더랄바츰부 비어
자수재 맘히리 담미 셤미 잡결
랍시 잡결랍뭐 스리 치리 시리
결랄뭐뷜러발랄디 히리 벌랄비
뭘랄저러니달니 헐랄달니 뭐러

져 져 져 져 히리 미리 이걸타
탑기 탑규루 탈리 탈리 미리
뭐대 더대 구리 미리 앙규즈더
비 얼리 기리 뭐러기리 규차
섬믜리 징기 둔기 둔규리 후루
후루 후루 규루 술두미리 미리
디 미리대 븬자더 허러 히리
후루 후루루

츰부다라니 공덕

이 다라니를 받아 지니면 부처님을 잊지 않는 생각이 증장되며 수명이 늘며, 건강이 증진되고 체력이 증장되며, 기력이 향상되고 명예가 높아지고 계행이 바로되며, 총명과 가르침에 이르는 수행의 광명이 증장되며, 천상에 나거나 열반에 이르게 되며, 일체의 청정법과 여러 음식물의 정기와 맛이 높아지며, 기쁨과 즐거움을 갖게 되며, 재물과 보배를 얻게 되며, 일체 생활에 필요한 온갖 것을 갖게 되며, 능히 일체 지혜를 용맹하고 날카롭게 하여 번뇌를 깨뜨리는 다라니이니라.

발 원 문

- 일상기도 발원문
- 참회기도 발원문
- 공양 발원문
- 가정법회 발원문
- 가내길상 발원문
- 학업성취 발원문
- 사업번창 발원문
- 문병 쾌유 발원문
- 생일 발원문
- 취임·승진 발원문
- 개업·이사·안택 발원문
- 연지대사 왕생극락 발원문

인색과 탐욕 때문에

우리는 갖가지 부정한 일을

하게 되는 것이다.

그러므로 보시를 실천해야만

깨끗한 결과를 얻게 될 것이다.

제법집요경

일상기도 발원문

위없는 진리로서 영원하시고 법성광명으로 자재하옵신 부처님!

부처님께서는 온 중생을 잠시라도 버리지 않으시고 영원한 진리광명으로 성숙시키건만 중생들은 그 은혜를 등지고 스스로 무명의 구름을 지어 끝없는 방황을 계속하여 왔습니다.

장애와 고난과 죽음이 계속하여 따랐고 불행과 눈물과 죄악의 업보를 이루었습니다.

그러나 부처님은 저희들을 보살피고 감싸시어 저희들에게 믿음의 눈을 열게

하셨습니다.

인간의 본성은 어둠과 죄악이 아니고 지혜이오며 불행이 아니고 일체 성취의 원만공덕이 충만함을 깨닫게 하셨습니다.

저희 생명에서 부처님의 자비로운 위신력이 샘물처럼 솟아나고 생명의 활력으로 빛나고 있음을 깨달았습니다.

이처럼 커다란 은혜와 찬란한 광명으로 장엄한 저희들에게 어찌 불행과 고난이 있겠습니까.

행운과 성공이 끝없이 너울치는 은혜의 평원이 열려오고 있음을 믿습니다.

부처님의 크신 위덕은 이같이 일체 중

생을 성숙시키고 일체 생명에게 무애위 덕을 갖추어 주셨습니다.

부처님의 대자비 은덕으로 저희들의 생각은 항상 맑고 뜻은 바르며 마음은 끝없이 밝은 슬기로 가득 차 있습니다.

불행은 사라지고 희망의 햇살은 나날이 밝음을 더하여 성공의 나무에는 은혜의 과실이 풍성하고 저희들의 생애는 끝없는 성취로 충만케 하십니다.

이는 부처님의 법문을 깨닫고 깊이 믿음의 공덕이라 확신합니다.

대자대비하신 부처님,

이제 저희들은 부처님의 끝없는 자비광명 속에서 환희용약하면서 지성으로

서원을 드리옵니다.

생명의 바다에 영원히 빛나는 부처님의 자비은덕을 끝없이 존경하고 찬탄하겠습니다.

삼보님과 일체 중생에게 온갖 정성 바쳐 공양하고 받들겠습니다.

그리하여 영원토록 모든 중생에게 평화와 행복이 이루어지도록 힘쓰겠습니다.

자비하신 세존이시여,

저희들의 이 서원이 이루어지도록 가호하여 주옵소서.

모든 번뇌에서 해탈하고 고난에서 벗어나며 대립과 장애와 온갖 한계의 벽을 무너뜨리고 걸림없는 지혜광명이 드러나게 하여 주옵소서.

미혹의 구름이 덮여올 때 믿음의 큰 바람이 일게 하시며 고난과 장애를 보게 될 때 진리광명의 무장애 위덕이 빛나게 하여 주옵소서.

그리하여 저희들의 생애가 보살의 생애로서 일체 중생계를 빛냄으로써 마침내 부처님의 크신 은덕을 갚아지이다.

나무 석가모니불
나무 석가모니불
나무 시아본사 석가모니불

참회기도 발원문

우러러 살피옵건대, 진여의 태양은 찬란히 빛나옵고 법성의 바다는 끝없이 넓고 깊어 온 중생 온 국토를 윤택케 하시며 위없는 보리공덕을 충만케 하시니, 일체 중생 근기따라 모두를 얻고 구하는 바를 따라 깨달음으로 나아가니 가없는 은덕을 어찌 다 헤아리오리까!

금일 발원재자 ○○○ 불자들은 부처님의 지극하신 가호력에 힘입어 발원하옵니다.

바라옵건대, 자비광명 비추시어 살펴주옵소서.

돌이켜 보옵건대, 저희들이 지난 동안에 부처님의 진리광명을 등지고 미혹에 휘말려 어둠 속에 살았음을 깨닫고 이제 깊이 참회하옵니다.

부처님 가르침 배우지 못하고 성내고 탐내고 어리석어 어둠의 길 방황했던 지난 생활을 지심참회하옵니다.

대자대비 세존이시여!

저희들의 참회를 섭수하여 주시옵고 지난 날 지은바 일체 어둠을 밝게 비추어 깨뜨려 주옵소서.

저희들 오늘의 역경이 필시 다생 동안에 지은바 업연의 결과임을 아옵니다. 또한 오늘의 이 고난이 사라지면 새로

운 지혜와 용기를 얻게 하실 것을 아옵
니다.

이제 저희들의 묵은 죄업, 이로써 모
두 소멸되었사오니 기필코 밝은 희망과
따뜻한 공덕이 열려 오리라 믿습니다.

대자대비하신 부처님!

엎드려 바라옵건대, 이 인연공덕으로
저희들 한 사람 한 사람을 둘러싸고 있
는 미혹과 탐착과 장애의 벽이 즉시 소
멸되어 은혜와 자비와 성취의 길을 열어
주옵시며, 본성 광명이 명랑하게 드러나
미묘법문 깨달아서 무상도를 이루게 하
여 주옵소서.

저희들의 이 발원이 부처님의 대자비

서원력 속에 원만히 성숙되며, 법계유정
이 다 함께 보리심을 내고 위없는 깨달
음을 원만히 이루어지이다.

나무 석가모니불
나무 석가모니불
나무 시아본사 석가모니불

공양 발원문

나무불, 나무법, 나무승!
이 음식에 깃든 은혜에 감사하나니,
내 덕행이 부족하여 받기 부끄럽네.
마음속의 온갖 번뇌 다 비우고
건강을 유지하는 약으로 삼아
깨달음을 이루고
중생 구제의
대자대비행을 발원하옵나니
모든 중생 다 함께 성불하여지이다.

나무 석가모니불
나무 석가모니불
나무 시아본사 석가모니불

가정법회 발원문

대자대비하신 부처님!

부처님의 자비은혜가 찬란한 광명으로 모든 중생과 온 누리를 감싸고 있는 이 순간 저희 형제들은 일심 정성 기울여 삼보님 전에 계수례하옵니다.

저희들은 불보살님의 자비하신 위신력을 입사와 가내가 화목하고 자손들이 충실하오며 직장과 사업이 번창하고 온 겨레가 조국의 평화 번영을 위하여 헌신을 다하고 있사옵니다.

그리고 오늘 ○○법회 가족들이 함께 모여 전법수행과 불자행지를 연마하기 위하여 특별 모임을 갖고 있습니다.

대자대비하신 부처님!

거듭 무애 대자대비 광명으로 저희들을 가호하여 주시옵소서. 오늘의 모임으로써 부처님의 크신 뜻을 더욱 바르고 참되게 받들게 되오며 저희들을 이끌어 주시는 스승님의 지도를 더욱 착실히 받들게 되어지이다.

전법오서의 신념은 나날이 견고하고 빛나는 지혜와 따사로운 자비심은 더욱 자라나며 진리의 청정한 복덕의 위력이 넘쳐나 저희들의 가정과 사업과 나라의 안녕과 번영이 나날이 성숙되어지이다.

자비하신 부처님!

오늘의 이 모임 진행 중에 일일이 대자비의 가피를 더해 주시사 저희 가족과 형제와 이웃에게 법을 전하고 행복을 심어 주고 법의 광명을 밝히는 저희들의 발원에 더욱 큰 지혜와 힘이 열려지이다.

대자대비하신 부처님!

오늘 저희들의 이 발원이 지극히 너그러우신 부처님의 대비원력에 섭수하시는 바 되어 그 안에 있음을 믿으며 감사드리옵니다. 아울러 바라옴은 오늘 이 성스러운 모임을 갖도록 주선하여 주신 ○○○님 댁에 부처님의 특별하신 자비 위신력이 부어지시사 가내길상하고 가

업이 흥성하며 일체 장애 소멸하여 청정
원이 원만히 성취하여지이다.

나무 석가모니불
나무 석가모니불
나무 시아본사 석가모니불

가내길상 발원문

우러러 살피옵건대,

부처님께서는 무량대자비광명으로
온 누리 중생들을 감싸시고 성숙시켜
주시며, 오늘 불자 ○○○와 그 가족에
게 특별하신 위덕을 부어주심을 감사
드립니다.

금일 ○○○불자가 지난 동안에 지은
바 온갖 허물을 지심 참회하옵고 보리심
을 발하여 온 누리 온 중생 모두 다 안락
하고 무상보리 이루기를 간절히 발원하
옵니다.

바라옵건대, ○○○불자가 보살도를

닦는 가운데 어느 곳, 어느 때에나 부처님의 자비 위신력이 함께하여 주옵소서.

심신은 강건하고, 가내가 화평하며, 자손은 창성하고, 학업은 증장하며, 사업이 번창하고, 나라와 인류 위해 뜻하는 일 크게 이루어지이다.

가슴 속에 진리의 대광명이 항상 빛나서 향하는 길마다 막힘이 없고 행하는 일마다 순조로우며 만나는 사람마다 착한 뜻을 함께하여 머물고 행하는 곳에 상서의 구름 이어지며, 무장애 일체 성취 항상 따라지이다.

널리 모든 사람의 참 빛이 되고 정법으로 인도하고 광명국토 이룩하여 부처님의 크신 은혜 갚아지이다.

이 인연공덕으로 ○○○불자의 선망조상님이 크신 광명 입고서 모두 다 극락세계에 왕생하옵고 다시 이 땅 중생 제도하는 거룩한 빛이 되어지이다.

○○○불자가 행하는 일마다 천룡팔부 옹호성중이 함께 하시며, 일문권속 또한 일체 장애 소멸하여 보살의 큰 서원을 하루속히 이룩하옵고, 위없는 크신 은혜 갚아지이다.

나무 석가모니불
나무 석가모니불
나무 시아본사 석가모니불

학업성취 발원문

우주에 충만하사 아니 계신 곳 없으시고, 일체에 평등하사 모두를 살펴 주옵시는 부처님!

자비은혜를 베푸시어 성취의 문을 열어 주옵소서.

오늘 ○○○불자가 지극한 마음으로 발원하옵니다.

그동안 불자가 진리광명의 지혜를 구하기 위하여 보살의 구도 정신을 본받아 학업에 열중하여 왔습니다.

부처님의 가르침에 따라 학업을 연마해 온 불자에게 크나크신 가피로 학업이 원만성취 하여지이다.

대자대비하신 부처님!

불자 ○○○가 끝없는 옛적부터 오늘에 이르도록 몸과 말과 뜻으로 지은 모든 허물을 지심 참회하옵니다.

불자에게 밝은 지혜와 큰 행원력을 갖게 하여 주옵소서.

그리하여 ○○○불자가 자만심과 나태함에 빠저 흔들릴 때 부처님의 너그러움과 끊임없는 정진력을 갖게 하시며, 무기력한 마음과 혼란스러움으로 힘들어 할 때 부처님의 광대한 원력의 힘을 지니게 하시고, 불안과 초초한 마음으로 두려워할 때 부처님의 인욕과 깊은 선정력을 갖게 하시며, 좌절과 실의에 빠져 방황할때 부처님의 물러섬이 없는 불퇴전의 용기를 갖게 하옵소서.

대자대비하신 세존이시여!

다시 바라옵건대, 크신 자비 베푸시어 ○○○불자가 세운 바 큰 서원이 이루어 지도록 간곡하게 살피시어 은혜 내려 주옵소서.

심신은 금강과 같이 강건하고 수명은 천지와 같이 무궁하며, 지혜는 일월과 같이 빛나옵고 복덕은 바다와 같이 넓어지이다.

금일 이후 불자의 믿음은 더욱 청정하고 복덕이 왕성하여 뜻하는 일마다 부처

님의 가호가 항상 함께 하여 향하는 길
마다 상서가 일고 만나는 사람마다 보리
심을 내어 일체 중생 모두 함께 무상도
를 이루어지이다.

나무 석가모니불
나무 석가모니불
나무 시아본사 석가모니불

사업번창 발원문

시방삼세에 영원하사 온 국토 온 중생을 보리도로 성숙시키시는 대자비 세존이시여!

오늘 저희들의 일심 기원을 자비로써 섭수하여 주옵소서.

불자 ○○○는 금차에 새로 사업을 확장 개설하였사옵니다.

오늘에 이르는 동안 불보살님의 지극하신 은덕에 감사드리옵니다.

바라옵건대, ○○○불자가 나날이 봉사와 정진을 다하여, 사회의 수요를 보다 참되게 충족시켜 문화향상에 기여하며 보다 우수한 수요기여를 개발하고, 온 겨레와 인류에게 향상된 기쁨과 편의를 공여할 수 있도록 인도하여 주옵소서.

사회와 나라의 문화창조에 기여하고 봉사, 헌신함으로써 인류를 행복의 길로 이끌어, 그 성과는 보살도를 이루고 불국토를 가꾸는 거룩한 공덕으로 회향케 하여 주옵소서.

다시 간절히 기원하옵건대,

금일 이후 ○○○불자의 믿음은 더욱 청정하고 심신은 강건하며 가내 화평하고 복덕이 왕성하여 뜻하는 일마다 부처님의 가호가 항상 함께 하여지이다.

온 이웃 온 형제 함께 찬탄하고, 나아
가 겨레와 인류를 위한 큰 뜻을 이루며,
향하는 길마다 상서가 일고, 만나는 사
람마다 보리심을 내어 일체중생 모두 함
께 무상도를 이루어지이다.

나무 석가모니불
나무 석가모니불
나무 시아본사 석가모니불

문병 쾌유 발원문

대자대비하신 부처님, 지혜의 태양으로 온 누리 빛내시고 자비 은혜로 저희들을 감싸주심을 감사드리옵니다.

저희 불자들은 부처님의 자비하신 위신력을 입사옵고 일심정성 정진하오며 간절한 기원을 드리옵니다.

금일 ○○○불자가 병고로 신음하고 있사옵니다.

저희들은 ○○○불자가 지난 동안에 진리광명을 등지고 미혹에 휘말려 어둠을 지은 결과임을 깨달았사옵고 이제 깊이 참회하옵니다.

부처님 가르침 배우지 못하고 어둠의 길 방황했던 지난날을 참회하오며, 삼독에 휘둘린 생활을 지심 참회하옵니다.

대자대비하신 부처님이시여,

저희들의 참회를 섭수하여 주시옵고 ○○○불자가 지은 바 일체 어둠을 밝게 비추어 깨뜨려 주옵소서.

부처님은 원래로 법성광명이시옵기에 지혜와 자비와 위덕의 근원이시옵니다.

부처님의 자비하신 광명은 크나 큰 위신력으로 저희들 모두를 감싸시고 일체중생 본성 속에 자비공덕을 충만케 해주셨사옵니다.

오늘의 ○○○불자에게는 각별하신 자

비의 은덕으로 무애위력을 베풀어 주셨음을 깊이 믿습니다.

살피옵건대, ○○○불자의 병고는 지난날 지은 바 어둠의 그림자이므로, 그것은 실상이 아니며 나타남으로써 사라져 가는 과정임을 믿습니다.

실로 ○○○불자에게는 오직 진리광명만이 충만하옵니다.

건강과 활기가 바다처럼 넉넉하고 은혜의 물줄기는 파도처럼 너울치고 있음을 믿습니다.

대자대비하신 부처님,

오늘 ○○○불자로 하여금 이 진리실상의 믿음을 회복케 하여 주옵소서.

그리하여 영원히 건강하고 생명이 왕성하며 은혜로 충만함을 깨닫게 하시오며, 나아가 법성실상 청정공덕이 불자의 생활에 드러나게 하여 주옵소서.

다시 엎드려 바라옵건대, 오늘 불자의 선망부모에게 대자비 위신력을 베풀어 주옵소서.

진리광명 드러나 지난 동안의 죄업이 소멸케 하여 주시오며, 본성광명이 명랑하게 드러나 미묘법문 깨달아서 무상도를 이루게 하여 주옵소서.

자비하신 부처님, 저희들의 이 발원이 부처님의 대자비 서원력 속에 원만히 성숙되며, 이 인연공덕으로 법계유정이 다

함께 금강신을 이루어 무위국을 자재하
여지이다.

나무 석가모니불
나무 석가모니불
나무 시아본사 석가모니불

생일 발원문

대자대비하신 세존이시여,

우러러 살피오니 부처님께서는 자비 은혜로 온 누리를 감싸시고 이 도량 모든 불자에게 크신 가호 주시옴을 저희들은 계수하옵고 지성으로 감사 드리옵니다.

오늘 ○○○불자의 탄생일을 맞이하여 일심 기울여 부처님전에 기원을 드리옵니다.

대자대비하신 부처님!

○○○불자는 부처님의 크신 가호를 힘입어 지혜와 복덕 갖추고 서원을 발하온 진실한 불자이옵니다.

덕성과 복덕은 한이 없고 자비 또한 끝이 없사오며, 이 땅 이 시대에 수승한 보살의 원을 이룰 숙명을 지녔사옵니다.

대자대비하신 세존이시여!

바라옵건대, 크신 위신력 베푸시어 불자가 지닌 바 큰 서원 이루도록 간곡하게 살피시어 은혜 내려 주옵소서.

심신은 금강과 더불어 강건하고, 수명은 천지와 더불어 무궁하며, 지혜는 일월과 더불어 빛나옵고, 복덕은 바다와 더불어 넓어지이다.

○○○불자가 보살 길을 닦는 가운데 나날이 경사 일고 시시로 행운 맞아, 뜻하는 일마다 모두 다 성취하여 세계와

중생에게 큰 빛이 되어지이다.

　일문권속의 심신은 강건하고 길이길이 화락하며, 복연이 무진하고 덕화 널리 떨치며, 부처님 법문에서 큰 서원 발하고 보살대도 성취하여 부처님의 크신 은덕 갚아지이다.

　아울러 ○○○불자의 선망조상 영가들이 부처님의 광명 받아 극락국에 왕생하여 미묘법문 깨달아서 모두 성불하여지이다.

　나무 석가모니불
　나무 석가모니불
　나무 시아본사 석가모니불

취임 · 승진 발원문

우러러 생각하옵건대, 부처님께서는 정불국토에 머무시면서 온 중생 한 사람 한 사람을 고루 살피사 진여자성을 깨닫게 하시며, 저들의 온갖 차별세계에 무량공덕을 충만케 하시니 저희들의 감사를 무엇으로 다 말하오리이까.

국토에는 무량복덕을 부여하시고, 중생 개개인에게는 창조의 권능을 부어주시사, 저희들로 하여금 이 땅에서 풍요하고 서로 돕고 발전하는 길을 열어 주셨사옵니다.

그리하여 중생 누구나 바른 뜻을 내어

움직일 때 스스로는 진성의 활용이 되고 국토에는 번영을 가져오며 서로는 유대와 협동을 깊이 하게 하셨습니다.

오늘 ○○○불자는 부처님의 크신 자비 섭수를 힘입어 새로운 직책에 승진과 취임을 발원합니다.

이것이 어찌 불자를 성장시키고 사회를 발전시키며 역사를 빛내고, 중생과 국토를 성장케 하시는 부처님의 크신 은덕이 아니오리까.

거듭 삼보 전에 계수하오며 지극한 감사를 드리옵니다.

자비하신 세존이시여,

엎드려 바라옵나니 오늘의 불자에게 부

처님의 무한자비와 직무의 공공성을 깨닫게 하시며, 불자가 높은 서원을 발하여 새로운 직책을 맡아 원만히 수행하고, 나아가 직장과 사회성장에 이바지하는 큰 공을 이루도록 인도하여 주옵소서.

만나는 사람마다 보살의 원과 행을 함께 하고, 대하는 과업마다 걸림없는 창조의 공능을 드러내어 저희들과 사회가 함께 성공을 경하하고 삼보님 공덕을 찬양토록 가호하여 주옵소서.

심신은 나날이 강건하고 지혜와 위덕은 시시로 빛나며, 복덕과 행운이 길이 함께하여지이다.

더불어 불자의 직장이 크게 번창하고 역

사에 큰 빛을 보태도록 성장하여지이다.

　이 인연공덕으로 법계 유정 모두가 보
리심을 내고 위없는 깨달음이 원만히 이
루어지이다.

　나무 석가모니불
　나무 석가모니불
　나무 시아본사 석가모니불

개업·이사·안택 발원문

모든 중생의 간절한 기도에 응답해 주시는 부처님이시여!

오늘 이 자리에 새로운 삶의 터전을 마련하고 기도드리오니 ○○○불자의 앞날에 부처님의 가피가 항상하며 부처님의 품 안에서 화목하고 번영의 길이 열리게 하옵소서.

오늘에 이르기까지 불보살님의 지극한 은덕에 감사드리옵니다. 이곳에서 하는 일마다 모두 다 성취되고 생업이 안정되며, 자녀들의 교육이 원만히 이루어지고 가운이 날로 번창하도록 가피를 내려 주옵소서.

그리하여 삼보를 믿고 그 가피 속에서 보람의 열매를 거두어 이웃에게 부처님의 가르침을 전하고, 모든 사람들로부터 사랑받는 불자 가족이 되게 하소서.

○○○불자의 가족과 인연 맺은 모든 이들이 중생을 위한 보살의 마음을 모두 지니고 영상회상 법화신중님들의 보호 속에 온갖 마장은 사라지고 신심은 더욱 견고해지며 몸과 마음은 더욱 강건해지고 집안이 화평하고 복과 지혜가 구족하도록 하는 일마다 부처님의 가피가 함께 하게 하소서.

나무 시아본사 석가모니불

연지대사 왕생극락 발원문

극락세계에 계시옵사 중생을 이끌어 주시는 아미타불께 귀의하고 그 세계에 가서 나기를 발원합니다.

자비하신 원력으로 굽어살펴 주시옵소서.

저희들이 네 가지 은혜로운 이와 삼계 중생들을 위해 부처님의 위없는 도를 이룩하려는 정성으로, 아미타불의 거룩하신 명호를 일컬어 극락세계에 가서 나기를 원하나이다.

업장은 두텁고 복과 지혜 엷어서 마음은 더러움에 물들기 쉽고 깨끗한 공덕 이루기 어려워, 이제 부처님 앞에서 지극한 정성으로 예배하고 참회하나이다.

저희들이 끝없는 옛적부터 오늘에 이르도록 몸으로 입으로 또 마음으로 한량없이 지은 죄와 한량없이 맺은 원수 모두 녹여 버리고 오늘부터 서원 세워 나쁜 짓 멀리하여 다시 짓지 아니하고 보살도를 항상 닦아 물러나지 아니하며 정각을 이루어서 중생을 제도하려 하오니, 아미타부처님이시여, 대자대비하신 원력으로 저희들을 증명하시며 어여삐 여기고 가피주시어, 삼매에서나 꿈속에서나 아미타불의 거룩한 상호를 뵈옵고, 장엄하신 국토에 다니면서 감로수 뿌려 주시고 광명으로 비춰주심 입사와, 업장은 소멸되고 선근은 자라나며 번뇌는 없어지고 무명은 깨어져서 원각의 묘한 마음 뚜렷하게 열리고, 상적광토가 항상 앞에 나타나지이다.

또 이 목숨 마칠 때 갈 시간 미리 알아 여러 가지 병고 액난이 몸에서 없어지고 탐·진·치 온갖 번뇌 씻은 듯이 사라지며 육근이 화락하고 한 생각 분명하여 이 몸을 버리기 선정에 들 듯 하옵거든, 그때에 아미타불께서 관음·대세지 두 보살과 모든 성중 함께하여 광명 놓아 맞으시며, 대자대비로 이끄시사 높고 넓은 누각들과 아름다운 깃발들과, 맑은 향기, 고운 음악, 거룩한 극락세계 눈앞

에 나타나면, 보는 이 듣는 이들 기쁘고
감격하여 위없는 보리마음 다같이 발하
올 제, 이내 몸 연화보좌 금강대에 올라
앉아, 부처님 뒤를 따라 극락정토 나아
가서 칠보로 된 연못 속에 상품상생한
뒤에 불보살 뵈옵거든 미묘한 법문 듣
고, 무생법인 깨치며 부처님 섬기옵고
수기를 친히 받아, 삼신·사지와 오안·
육통과 백천 다라니와 온갖 공덕을 원만
하게 이루어지이다.

 그러한 후 극락세계를 떠나지 아니하고
사바세계에 다시 돌아와 한량없는 분신
으로 시방국토 다니면서, 여러 가지 신통
력과 가지가지 방편으로 무량중생 제도

하여, 탐·진·치 삼독 멀리 떠나서 깨끗한 참 마음으로 극락세계 함께 가서 물러나지 않는 자리에 오르게 하려 하옵니다.

세계가 끝이 없고 중생이 끝이 없고 번뇌·업장이 모두 끝이 없기에 저의 서원도 끝이 없나이다.

저희들이 지금 예배하고 발원하여 닦아 지닌 공덕을 온갖 중생에게 베풀어 주어, 네 가지 은혜 골고루 갚고 삼계 유정을 모두 제도하여 다 함께 일체종지를 이루어지이다.

나무 아미타불
나무 아미타불
나무 극락도사 아미타불

수 행 편

- 불교예절
- 신행의 기본
- 수행의 길잡이
- 입 정

입으로 악한 말을 하지 말라.

타인이 악한 말을 할 때에도

그 말을 되받아 하지 말라.

악한 말을 입에 담으면

피로움을 남긴다.

구도자는 악한 말을 하는 법이 없다.

좋은 말만을 하여라.

이치에 맞지 않는 것은 말하지 말고

진실만을 말하여라.

이것이 최고의 가르침이다.

소부경전

불교예절

1. 도량예절(道場禮節)

① 도량 내에서는 뛰어다니지 않는다.

② 도량 내에서는 음주 · 육식 · 흡연 · 고성방가를 하지 않는다.

③ 도량 내에서는 신을 끌면서 다니지 않는다.

④ 도량 내에서는 가래침이나 코를 풀지 않으며, 휴지를 버리지 않는다.

⑤ 법당 앞을 지날 때에는 합장하여 허리를 굽히고 지나간다.

2. 법당 출입예절(法堂出入禮節)

① 법당의 정문은 어간(御間)이라 하며, 그 사찰의 조실 및 주지스님만이 출입하므로 신도는 옆문으로 출입한다.

② 신은 반듯하게 벗어 놓는다.

③ 일단 법당에 들어서면 먼저 불전을 향해 합장하고 반배를 한다.

④ 발을 옮길 때는 소리가 나지 않도록 한다.

3. 불전예절(佛殿禮節)

① 먼저 향 한 개비를 사르고(촛불을 켜기도 하지만 생략해도 좋음) 3배를 드린다. 이때 위치는 중앙을 피해서 선다.

② 향불의 불꽃은 입으로 불어 끄지 않고 손바람으로 끈다.

③ 촛불을 끌 때는 두 손가락으로 불꽃을 잡거나 손바람으로 끈다.

④ 앞사람이 방금 켠 촛불을 끄고 다시 새 촛불을 켜는 것은 옳지 못하며, 향도 여러 개가 피워져 있을 때는 생략할 수 있다.

⑤ 자신이 올린 촛불은 다른 사람이 없을 경우 반드시 끄고 나와야 한다.

4. 법회 및 기타 의식 동참예절

① 전체의 조화를 깨지 않도록 자리를 정한다.

② 만약 늦게 도착한 경우에는 조용히 적당한 자리를 찾아 앉고 진행 중인 의식에 맞추어야 한다.

③ 남의 시선을 끄는 특별한 행동을 해서는 안 된다.

5. 사원의 생활예절

① 취침과 기상과 식사는 당해 사원의 시간에 맞추어야 한다.

② 식사는 음식을 남기지 않을 만큼 받아야 한다.

③ 칫솔질을 하면서 다니거나 세수할 때 소리나게 침을 뱉고 코를 풀어서도 안 된다.

④ 신을 끌거나 바꿔 신어선 안 되며 반듯하게 벗어야 한다.

⑤ 조석예불은 반드시 참석해야 한다.

⑥ 공동으로 행해야 할 일이 있을 때는 반드시 참여하여 함께 해야 한다.

⑦ 모든 스님들께는 항상 합장예배를 해야하며,
옥외인 경우는 반배를 한다.

6. 예배법

① 절은 큰절(頂拜)과 반절(半拜)로 구별한다.

② 반절은 선 채로 두 손을 모아 가슴에 대고 손가락
이 벌어지지 않도록 하며, 손끝은 코끝과 나란히
하도록 하고 적당히(약 45°) 허리를 굽힌다.

③ 큰절은 합장을 한 채로 허리를 굽히지 않고 상체
를 내려서 무릎을 꿇은 다음, 두 손을 앞으로 내밀
면서 이마를 바닥에 댄다. 이때 발바닥이 위로 올
라오게 하며, 발은 서로 X표가 되도록 한다. 일어
설 때는 역순으로 한다.

7. 절을 하면 얻는 공덕

① 아름다운 몸을 받게 되고

② 무슨 말이나 남들이 믿으며

③ 어느 곳에서라도 두려움이 없으며

④ 부처님께서 항상 보호하시며

⑤ 훌륭한 위의를 갖추게 되며

⑥ 모든 사람들이 친하길 바라며

⑦ 하늘 사람들이 사랑하고 공경하며

⑧ 큰 복과 덕을 갖추게 되며

⑨ 명을 마치고는 극락세계에 태어나며

⑩ 마침내 열반을 증득한다.

◀ 절 하는 법 ▶

• 오체투지하는 방법

① ② ③ ④

⑤ ⑥ ⑦

⑧ ⑨ ⑩ ⑪

• 예경의 아쉬움 고두레

• 아만을 꺾는 오체투지

㉠ 왼쪽 팔꿈치 ┐
㉡ 오른쪽 팔꿈치 ┘ 양 팔꿈치
㉢ 왼쪽 무릎 ┐
㉣ 오른쪽 무릎 ┘ 양 무릎
㉤ 이마

• 차수와 합장

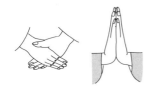

• 장궤 · 우슬착지

• 반배

• 앉고 서는 동작

꿇어앉은 자세

좌선 자세

선자세

• 탑을 도는 방향

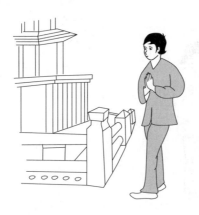

8. 신도님들의 오계

① 자비스러운 불자가 될지언정 무자비하게 살생
   하지 말라.〈不殺生〉

② 복덕스러운 사람이 될지언정 박복하게 투도하
   지 말라.〈不偸盜〉

③ 청정스러운 존재가 될지언정 더러웁게 사음하
   지 말라.〈不邪淫〉

④ 진실스러운 바른 이가 될지언정 허망하게 망어
   하지 말라.〈不妄語〉

⑤ 지혜스러운 보살이 될지언정 어리석게 취하지
   말라.〈不飮酒〉

신행의 기본

1. 바른 믿음(信)

"불법의 바다에는 믿음으로써 들어갈 수 있다."고 하였듯이, 불교신행의 시작은 믿음에서부터 출발한다. 신심은 의심의 반대되는 개념으로, '틀림없이 그렇다'고 하면서 결정짓는 마음이다. 곧 불법이 거짓 없는 진리라는 것을 마음으로 확신하는 것이 신심이다. 불교의 신행은 이러한 확신에서부터 시작된다.

불교의 믿음은 유일신적(唯一神的) 종교의 믿음과는 다르다. 불교의 믿음은 신의 절대적인 권능이나 창조를 믿고, 신을 믿음으로써 그 은총을 입고자 하는 태도가 아니라, 진리에 대한 바른 믿음, 나에 대한 바른 믿음, 마음에 대한 바른 믿음을 갖추는 것이다. 곧 그 마음을 깨달아 부처를 이룬 분의 가르침에 따라 스스로 수행하여 이 마음을 깨우치면 나도 틀림없이 부처가 될 수 있다는 것을 확신하는 것이 불교의 믿음이다. 모든 일 중에 가장 큰일은 바로 부처가 되는 일이므로, 이로써 불교의 믿음을 설명한 것이다. 모든 사소한 일은 이와 같은 마음 안에서 이루어지지 않을 것이 없으므로 생략한다.

2. 철저한 이해 (解)

앎이 없는 믿음은 미신이나 맹신(盲信)으로 흐르게 되고, 바른 믿음이 없이는 부처님의 가르침을 올바로 이해할 수 없다. 올바로 알 때 바른 믿음이 나오고, 바른 믿음이 있어야 진리를 올바로 알 수 있는 것이다. 우리들은 아는 것만큼 믿고, 믿는 것만큼 알 수 있을 뿐이다. 그러므로 불교신행에는 반드시 올바른 공부가 뒤따라야 한다. 깨달음을 얻기 위해서는 경을 보고 법을 묻고 법을 구해야 하며, 깊이 사색하고 스스로를 돌아보아야 한다. 이렇게 부처님의 가르침을 자기 것으로 만들어 갈 때 깨달음의 문은 저절로 열리게 되는 것이다.

3. 적극적 실천 (行)

민음과 앎이 성숙되면, 이에 의한 실천이 따라야
한다. 깨달음의 세계로 갈 수 있는 길을 알았다고 해
서 그 세계에 도달할 수 있는 것은 아니다. 부지런히
길을 걸어가야만 도달할 수 있다. 이것이 행이요 실
천이다. 곧 신행생활은 머리나 입으로만 하는 것이
아니라, 적극적이고 구체적인 행동이 수반되어야 된
다. 계속적인 반복훈련을 통하여 나의 것으로 만들
어야 하는 것이다. 이와 같은 반복훈련을 통하여 수
행이 점점 깊어지면 언제 어디서나 법에 어긋나지
않는 진정한 불자의 삶을 이룰 수 있게 된다.

4. 원만한 삶 (證)

바른 믿음과 철저한 이해에 의한 적극적 실천이 이
루어지면 원만한 깨달음은 나의 것이 된다. 그것이
해탈이요, 증득이다. 곧 내가 나를 내 마음대로 할
수 있는 경지, 그야말로 천상천하 유아독존의 부처

님을 이루게 되는 것이다. 어찌 이러한 때에 아집과 편견과 갈등이 있을 것이며, 어찌 여기에 번뇌나 고통이 있을 것인가. 오직 기쁘고 즐겁고 편안함이 있을 뿐이다. 나와 함께 하는 모든 이들에게 기쁨과 즐거움과 편안함을 안겨 줄 수 있게 된다. 우리 불자들은 이와 같은 깨달음을 이룰 때까지 끊임없이 정진해야 한다.

수행의 길잡이

1. 한없는 베풂 (布施)

우리의 삶은 베풀어 주는 생활이어야 한다. 불교인의 생활은 갖고자 하는 태도가 아니라 버리려는 자세이어야 하기 때문이다. 내가 잘났다는 생각, 나만의 이익을 추구하는 마음씨를 버려야 한다.

버릴 때 진실로 얻을 수 있으며, 그 버리는 정신의 방편이 보시이다. 재물을 구하는 이에게는 재물을, 진리에 목마른 자에게는 진리를 베풀라.

그들이 탐·진·치 삼독에 물든 생활의 잘못을 깨닫고, 보살의 길에 들어서도록 하기 위해 베풀어야 한다. 그리하여 그들로 하여금 두려움 없는 참된 삶을 누리도록 하라. 각자는 자신의 능력에 따라 아낌없이 베푸는 생활을 해야 한다. 깨끗한 마음으로 베풀며, 보답을 기대하지 말며, 베풀어 주고 후회함이 없어야 한다.

2. 청정한 생활(持戒)

악을 멀리하고 선을 키워야 한다. 오계를 준수하라는 가르침은 결코 윤리적 제약이 아니다. 오히려 새로운 삶의 지평을 여는 희망의 가르침이다.

산목숨을 죽이지 말고, 도적질하지 말며, 사음(邪淫)을 행하지 말고, 거짓말하지 않으며, 술 마시지 말라는 가르침은 자신의 인격적 완성을 위한 수련이다. 동시에 원만한 사회를 이룩하는 첩경이다.

윤리적 생활을 다듬어 나가면 우리의 몸과 말과 뜻이 청정해진다. 삼업(三業)이 청정할 때 감로의 과보는 얻어진다.

선근(善根)을 심고 선인(善因)을 닦기 위한 필수의 과제가 이와 같은 윤리적 태도이다. 비단 스스로의 허물을 뉘우칠 뿐 아니라 그릇된 삶을 사는 중생들에게도 이와 같은 윤리적 질서가 확립되도록 노력해야 한다.

3. 참고 용서함 (忍辱)

참는 행위는 화합의 바탕이 된다. 서로가 자기의 올바름만을 관철시키려 할 때 대립이 생기고 분열이 일어난다. 더구나 날카로운 비판만을 일삼는 행위는 결국 화목을 깨뜨리는 근원이 된다. 그 비판의 화살을 자신에게로 돌려야 한다. 자신의 허물은 가차 없이 비판하며, 상대방의 잘못은 너그럽게 감싸야 한다. 어떠한 역경이 닥치더라도 다소곳이 고난을 감내할 줄 알아야 한다.

고통을 극복하는 힘은 이 내면적 각오에서 비롯된다. 철저한 자기 반성과 성찰이 있을 때 나와 이웃은 하나가 된다.

이상과 현실이 하나 되고, 중생과 부처가 하나 되며 궁극적으로는 번뇌와 보리(菩提)가 하나 된다. 참고 용서할 때 우리는 중생의 아픔을 내 것으로 만들게 되며, 끝내 중생을 부처님의 길로 이끌 수 있다.

4. 쉼 없는 노력 (精進)

우리가 가야 할 해탈의 길은 멀고 험한 길이다. 때로는 게을러지고, 혹은 견딜 수 없는 역경에 시달린다. 쉼 없는 노력만이 나의 자세를 가다듬는 양약(良藥)이 될 수 있다. 흐리멍텅한 마음가짐과 산란한 마음씨를 바로 잡고, 끊임없이 열반을 추구하는 자세로 우리의 일상생활을 전환시켜야 한다.

위없이 바른 진리를 남에게 전해 주어 고해에서 허덕이는 무명중생을 깨우치는 일은 보살의 원력(願力)에서 비롯된 끊임없는 자기 반성의 채찍이 가해질때 이루어진다.

5. 고요한 마음가짐 (禪定)

산란한 마음을 바로잡고, 집중하는 힘을 삼매(三昧)라고 한다. 우리의 마음은 늘 외부의 자극에 따라 이리저리 움직인다. 마음의 번민은 우리를 우울하게도 하고 우리를 방황하게도 한다. 혹시 저 먼 곳, 저 하늘에 진리가 있지 않나 착각하게 되고, 끝내는 자신을 떠나서 진리를 찾으려 한다. 그러나 진리는 참된 마음가짐 그 안에 있다. 그 가능성을 확인하는 작업이 바로 선정이다. 한적한 곳에서 마음을 가라앉히며 무아의 경지에 들어 본래의 참된 자신을 드러나게 하는 것이다.

선정의 마음은 고요한 마음이다. 파도가 없는 바다와 같이 담담한 경지이며, 번뇌의 물결이 와 닿지 않는 곳이다. 그때 우리의 마음은 티끌 없는 거울처럼 삼라만상을 다 비추어 볼 수 있다. 드러난 모습뿐 아니라 감춰졌던 본질까지도 있는 그대로 깨닫게 된다.

6. 완전한 지혜 (智慧)

사물의 실상을 파악하려면 현상에만 집착해서는 안 된다. 한 떨기의 아름다운 꽃을 볼 때, 그 초라하게 지는 모습을 연상할 수 있어야 한다. 만남의 기쁨이 헤어짐의 아픔이 된다는 것을 알아야 하고, 헤어짐의 슬픔

이 또 다른 만남으로 이어진다는 확신을 지녀야 한다. 그때 비로소 사물의 실상은 역력하게 이해된다.

그 불교적 예지가 반야(般若)이다. 은밀한 예지의 빛, 초월적 지혜가 우리들의 가슴속에 숨쉬고 있다. 반야를 체득하고, 생활 속에 실현하려는 노력은 성불의 첩경이다. 반야야말로 암울한 시대를 밝히는 진리의 등불이 될 수 있다.

7. 방편 (方便)

진리에 이르는 길은 결코 외길이 아니다. 각자의 근기(根氣)에 따라 여러 방편이 있을 수 있다. 굶주린 아이에게는 한 조각의 빵이 필요하다. 그릇된 견해를 갖고 살아가는 이들에게는 올바른 깨우침이 필요하다. 보살은 그 중생의 근기에 따라 방편으로 도움을 주는 존재이다. 자비의 화신 관세음보살, 지혜의 상징 문수보살, 원력(願力)의 화신 지장보살 등은 모두 방편으로서 보살행을 실천하는 상징이다.

중생에게도 방편이 있다. 참선을 닦는 수행도 있고, 경을 읽는 공부도 있다. 염불을 수행할 수도 있고, 기도로 신행심을 불태울 수도 있다. 여러 가지 방편을 써서 보살은 세간을 지도한다.

8. 원대한 꿈(願)

인간에게는 가야 할 이상이 있다. 비록 오늘 사는 세상이 혼탁한 예토(穢土)라 할지라도 이상의 세계, 청정한 여래(如來)의 나라를 이루려는 원력을 세워야 한다. 보살의 삶이 중생들의 삶과 다른 것은 보살이 자기 자신을 위해서 사는 존재가 아니라, 고통 받는 중생들을 구제하겠다는 일편단심으로 생사의 흐름 속에 뛰어들었다는 데에 있다.

이러한 원력이 없이는 위의 모든 보살행을 성공적으로 해낼 수가 없다. 왜 사는지를 모르고 사는 존재들이 중생이다.

그들은 탐·진·치의 본능으로 사는 존재들이지

만, 보살은 이미 그런 독소를 자기 마음 속에서 뿌리 뽑고 어떻게 고통 받는 이웃을 위해 봉사할 것인가 만을 생각하며 사는 존재이다.

9. 굳센 힘(力)

자비는 결코 나약한 패배주의가 아니다. 때에 따라서는 힘으로 원적(怨敵)을 조복(調伏)시킬 줄 알아야 한다. 진리를 외면하는 삿된 무리들을 섭수(攝受)하려면 '힘'이 있어야 한다.

정법에 바탕을 둔 굳센 의지는 금강과 같이 견고한 힘을 발휘한다. 옳은 것을 옳다고 말할 줄 알고, 그른 것을 그릇되다고 말할 줄 아는 것이 힘이다. 위무(威武)에 아첨하지 않고 세속의 그릇됨과 타협하지 않는 것이 '힘'이다.

불교인은 그 굳센 힘을 통해 열반이라는 봉우리를 정복한다. 세간의 유혹에 의연한 대장부, 그러면서도 교만하지 않는 마음씨를 지녀야 한다.

10. 법을 알고자 하는 노력 (智)

지혜는 '노력하는 삶'의 도반이다. 인간이 사는 세상에는 늘 어두운 그림자가 있다. 다투고, 속이는 인간사의 밑바닥에는 어리석음이 자리잡고 있다. 그 근원적인 어두움 때문에 인간은 괴로움 속을 윤회한다. 무명을 쫓는 예지는 지혜이다.

지혜를 얻은 인간은 이제 더 이상 중생일 수 없다. 그의 생각과 말과 행동은 지혜로 가득 차며, 자신과 이웃에게도 지혜의 힘은 퍼져 나간다.

지혜로운 삶 속에는 고통이 없다. 그는 윤회의 끄나풀이 될 업장(業障)을 소멸했기 때문이다. 지혜로운 삶이야말로 옛 큰스님들이 걸어온 구도의 길이었으며, 앞으로 우리가 나아가야 할 올바른 삶의 지표일 수 있다. 지혜의 칼날로 무명(無明)을 깨뜨리고, 부드러운 몸가짐으로 세계를 장엄하라.

입 정

　입정은 곧 좌선을 말한다.

　좌선법을 따라 몸가짐을 바로하여 호흡을 조절하고 마음을 가다듬어서 고요한 경계에 머물게 한다.

몸가짐

　방석 위에 바르게 앉아 허리를 쭉 펴고 오른쪽 다리 위에 왼쪽 다리를 얹는다. 이 다리 위에 오른쪽 손을 놓고 오른쪽 손 위에 왼쪽 손을 포개 얹고, 엄지손가락을 가볍게 서로 맞대어 타원형이 되게 한 다음 단전에 댄다. 눈은 지그시 반쯤 뜨고 코끝을 내려다본다.

호흡조절

　입을 꼭 다물고 이도 지그시 문 다음, 혀끝을 입천장에 댄다. 천천히 코로 숨을 쉬되 숨이 단전에까지

이르도록 깊이 들이키며, 고요하고 미세하게 반복
한다.

마음가짐

마음을 고요히 한곳에 모아 전념해 나간다.

이때 마음을 한곳에 모으기 위해 '이 무엇인가

(이 뭣고)' 등 일정한 화두를 든다.

공양게송 (오관게)

이 음식이 어디서 왔는고

내 덕행으로는 받기가 부끄럽네.

마음의 온갖 욕심 버리고

몸을 지탱하는 약으로 알아

도업을 이루고자 이 공양을 받습니다.

찬 불 가

- 삼 귀 의
- 청 법 가
- 불교도의 노래
- 붓다의 메아리
- 부처님께 바칩니다
- 빛으로 돌아오소서
- 관세음의 노래
- 새 법우 환영가
- 연   등
- 성도제의 노래
- 산 회 가
- 찬양합시다
- 집 회 가
- 부처님 오신날

- 보현행원
- 홀로 피는 연꽃
- 자비방생의 노래
- 우란분절
- 사홍서원

사람은 사람을 구속하며

사람은 사람을 의존한다.

사람은 사람에게 해를 입히고

사람은 사람으로부터 해를 당한다.

장로게경

삼귀의

최영철 작사
김용호 작곡

장중하게

거 룩 한 부 - 처 님 께 귀 의 합 니 다

거 룩 한 가 - 르 침 에 귀 의 합 니 다

거 룩 한 스 - 님 들 께 귀 의 합 니 다

찬양합시다

조학유 작사
작곡자 미상

둥글고또한밝은빛은 우주를싸고 고
저모든하늘가운데서 가장높 - 고 이

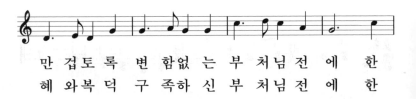

르고다시넓은덕은 만물을길러 억
넓은세상만류중에 제일귀하사 지

만겁토록변함없는 부처님전에 한
혜와복덕구족하신 부처님전에 한

마음함께기울려서 찬양합니다
마음함께기울려서 찬양합니다

청 법 가

이광수 작사
이찬우 작곡

보통 빠르기로

덕 높-으신 스-승님 사 자-좌에 오 르사- -
덕 높-으신 법-사님 대 법-좌에 오 르사- -

사 자-후를 합 - 소서 감 로-법을 주 - 소서
법 을-설하 옵 - 소서 맘 을-씻어 주 - 소서

옛 인연 을 이 어서 새 인연 을 맺-도록
모 두발 심 하 도록 같 이성 불 하-도록

대 자-비를 베-푸사 법 을-설하 옵 -소서
대 원-력을 펴-시사 길 을-인도 하 -소서

집 회 가

정운문 작사
정민섭 작곡

우 리 는 성 - 전 에 모 - 두 모 - 였 네 -
우 리 는 불 - 전 에 모 - 두 모 - 였 네 -

대 자 비 대 광 명 이 충 만 하 - - 신 곳 -
대 원 력 대 보 살 이 웃 음 짓 - - 는 곳 -

거 룩 하 신 부 처 님 의 진 - 리 를 배 워 -
장 하 옵 신 보 살 님 의 원 - 력 을 따 라 -

무 상 보 리 이 루 어 서 생 사 면 - 하 고 -
무 상 불 도 이 루 어 서 고 해 면 - 하 고 -

가 없 은 중 - 생 을 제 - 도 하 - 고 저 -
수 많 은 중 - 생 을 인 - 도 하 - 고 저 -

성 스 러 운 불 회 상 에 같 이 모 - - 였 네 -
존 엄 하 신 불 도 량 에 같 이 모 - - 였 네 -

불교도의 노래

서정주 작사
김동진 작곡

삼 계의 고해에 길 을밝히 고　사 생의 세 계에
인 연의 쓰고도 아 리는사 슬　윤 회의 고 달픈
연 꽃아 피어서 부 처님아 래　사 자야 모 여서

새 빛을더 할　용 맹이여 오 라 - 뜨 는해처 럼
머 나먼길 을　풀 - 어서 진 여의꽃 동산이 라
불 법지켜 라　무 - 량한 우 리들힘 을다하 여

겨 레와 중 생을 두 루비치 라
향 기여 천 지에 넘 쳐나가 라　우 리는　감 로로
영 겁을 빛 내고 또 빛내리 라

공 양하나 니　우 리에게 죽 음도 이 미없도 다

부처님 오신날

천천히 장엄하게

김어수 작사
김용호 작곡

꽃 보라 흩날 리는 룸 비니 동 - 산
사 뿐히 자국 마다 비치는 연 - 잎

한 줄기 - 찬 란한 빛 이 - - 우주를덮고
태 양보 다 맑 은등 높 이 - - 드-옵시고

거 룩한 신 달태자 탄 생하-실-때 - -
사 생의 모 든고난 녹 여주-시 - 고 - -

유 아독 존 큰 소리 누 리 퍼지 네
이 세상 에 오 신날 사 월 초파 일

586 찬불가

붓다의 메아리

우 리 는 메 아 리 붓 다 의 메 아 리
우 리 는 메 아 리 붓 다 의 메 아 리

이 웃 과 이 웃 을 이 어 주 는 메 아 리
먼 겨 레 먼 나 라 맺 어 주 는 메 아 리

먹 구 름 헤 치 고 응 달 을 양 달 로
괴 로 움 나 누 고 슬 픔 을 달 래 며

온 겨 레 가 슴 에 퍼 져 가 는 메 아 리
저 하 늘 끝 까 지 퍼 져 가 는 메 아 리

우 리 는 메 아 리 붓 다 의 메 아 리

파 랗 고 싱 그 러 운 붓 다 의 메 아 리

부처님께 바칩니다

우 성 작사
외 국 곡

부 처 님전에 모 든 것을바 쳐 그
부 처 님전에 향 불을올리 어 그

뜻 을따르 오 니길 을열으시 고
말 씀따르 오 니문 을열으시 고

어 두 운밤에 거 룩 하고밝 은 영
헤 매 는밤에 넓 고 도깊으 신 자

원 한빛이 되 어길 을밝히소 서
비 로운그 손 길베 풀어주소 서

588 찬불가

빛으로 돌아오소서

광 덕 작사
서창업 작곡

영 원 한 광 명   아 미 타 부 처 - 님
끝 없 는 수 명   아 미 타 부 처 - 님
광 명 의 나 라   아 미 타 극 락 세 계

그 품 에 안 - 기 - 려   님 은 가 셨 - 네
크 - 신 은 - 혜 - 에   고 이 잠 드 소 서
연 - 꽃 봉 우 리 - 에   태 어 나 소 - 서

지 난 시 절 의   정 다 운 모 습
대 자 대 - 비   관 세 음 보 살
부 처 님 뵙 고   큰 법 깨 치 어

살 아 계 신 - 듯   가 까 이 있 네
연 꽃 수 레 - 로   맞 아 주 시 네
찬 란 한 빛 으 로   돌 아 오 소 서

보현행원

정운문 작사
정민섭 작곡

내 이제 두 손 모아 청하옵나니
내 이제 엎드려서 서원하옵나니

시방세계 부처님 우주 대광명
영겁토록 열반에 들지 맙시고

두 눈 어둔 이 내 몸 굽어 살피사
이 세상의 중생을 굽어 살피사

위없는 대법문을 널리여소서
삼계화택 심한 고난 구원하소서

허공계와 중생계가 다할 때까지

오늘 세운 이 서원은 끝없 사오리

관세음의 노래

홀로 피는 연꽃

우 성 작사
서창업 작곡

맑은바람 스 - 미 는 초여름 연못
해가지 는 산 - 기슭 고요한 연못
달이뜨 는 두메산 골 적막한 연못

에 모든시 름 잊 - 은 듯
에 임은가 도 홀로남 아
에 꿈을꾸 듯 물 - 에 떠

초 연 하 게 피 - 는 모 습
청 아 하 게 피 - 는 모 습
소 담 하 게 피 - 는 모 습

홀 깃 보 면 여 민 듯 이 다 시 보 면
눈 을 뜨 면 선 연 하 게 눈 감 으 면
다 가 올 듯 멀 어 지 고 멀 어 질 듯

웃는 듯 이 홀연히　풍겨오는
아련하게 오탁의　연못속 에
다가오는 연꽃이　피는구 나

그윽한 임의향 기　아 - -
아름도 하시어 라
내맘에 갸룩하 게

연꽃이 지 - 는구 나　아 - 아

연꽃이 피 - 는구 나

새 법우 환영가

정다운 작사
서창업 작곡

부처님의 은덕으로 참 - 나를 찾으니
사바연에 시달린몸 다 - 벗어던지고
먼 길이나 험한길도 다 - 같이 도우며

오늘부터 온 - 우주에 주인이되었 네
내 님 따라 깊 - 은 곳에 알 몸으로 와 서
우리들은 형 - 제 자매 손 잡고갑시 다

어진맘과 참된힘을 다 - 받쳐줄 법우들
그립던 님 품에 안겨 한 - 마 - 음 얻으니
서로서로 사랑하고 서로용 - 서 하면은

한겨레의 짙 - 은 피로 보련화피우 세
세세생생 인 - 연되어 잠 들게하소 서
사바세계 이 - 대로가 극 - 락이라 네

자비방생의 노래

연 등

선진규 작사
김용호 작곡

너무 느리지 않게

cresc.

광명의등   지혜의등   연 등연등   연 등 –
중생의등   자비의등   연 등연등   연 등 –

mf

불 을 밝 – 히자   기 – 원   드 – 리며
불 을 밝 – 히자   서 – 원   세 – 우며

mp   *cresc.*

둥 근등   네모 등   마 음을   밝 – 히자
연 꽃등   팔모 등   누 리를   밝 – 히자

ff

봉 축   봉 – –축   연 등연등   연 – 등
봉 축   봉 – –축   연 등연등   연 – 등

우란분절

우 성 작사
서창업 작곡

휘영청 달-밝은 칠월보름 백-중에
목련의 효-성이 칠월중원 밝-히어
나실제 아-픔을 기쁨으로 아-시고

정 성어린 백-종과실 삼보님께 올-리고
사 부모의 아-귀보를 벗어나게 하-나니
가 를제의 괴-로움을 자비로써 달-래신

삼계 고해 괴로움을 벗-어나지 못하는
고통 없는 화락천에 그-예다시 태어나
바다 같은 부모님의 크-나크신 은혜를

다생부모 영가를 천도합-니다-
무량복락 무한히 누리시-었네-
삼보님께 아뢰니 살피옵-소서-

성도제의 노래

이혜성 작사
서창업 작곡

인 간의 모든번뇌 끊어버리— 고
억 겁의 시간속에 태어나시— 어

육 년을 하루같이 고 행 하 시 어
억 겁 의 시간속에 살 아 계 시 어

마 침 내 이 루 셨 네 섣 달 초 여 덟
세 존 의 대 오 성 도 오 늘 이 루 니

진 리 의 대 광 명 이 누 리 에 찼 네
가 없 는 대 자 대 비 누 리 에 찼 네

엎 드 려 예 배 하 세 중 생 의 등 불

우 러 러 합 장 하 세 인 류 의 스 승

사홍선원

최영철 작곡
김용호 편곡

중 생을 다 - - 건 지오 리 다

번 뇌를 다 끊 으오 리 - 다

법 문을 다 - - 배 우오 리 다

불 도를 다 이 루오 리 - 다

산 회 가

정운문 작사
정민섭 작곡

몸 은비 – 록 이 자리에 서 헤어 – 지지 만

마 음 – 은 언 제라도 떠 나 – 지 마 세

거 룩 하 신 부 처 님 을 항 상 모 시 – 고

오 늘배 – 운 높 은법 문 깊 이 – 새 겨 서

다 음 날 반 갑 게 한 맘 한 뜻 으 로

부 처 님 의 성 전 – 에 다 시 만 나 – 세

불 자 법 요 집

불기 2552(2008)년 11월 27일   1쇄 발행
불기 2568(2024)년 4월 26일 15쇄 발행

편 집·편 집 실
발행인·김 동 금
만든곳·우리출판사

서울특별시 서대문구 경기대로9길 62
☎ (02)313-5047, 313-5056
Fax. (02)393-9696
메일. wooribooks@hanmail.net
홈페이지 www.wooribooks.com

등록 : 제9 -139호

ISBN 978-89-7561-269-5 10220

정가 20,000원

ISBN 978-89-7561-269-5 10220

정가 20,000원